多傑林巴傳承上師瑜伽甘露之寶瓶皈依境

Dorji Lingpa Lineage Refuge Tree

བརྒྱུད་གསུམ་རྩ་བརྒྱུད་དུས་གསུམ་བདེ་གཤེགས་རྣམས། །ངོ་བོ་གཅིག་བསྡུས་རྡོ་རྗེ་གླིང་པ་ལ། །གསོལ་བ་འདེབས་སོ་མཆོག་ཐུན་དངོས་གྲུབ་སྩོལ།

決笥 雜決 讀笥 碟謝囊　喔窩 季讀 多傑 林巴拉　嗽哇 碟嗽 秋吞 娥竹奏

三傳根傳三時善逝眾　總歸多傑林巴一體中　祈請賜予殊共諸成就

།ཚེ་འདིར་སངས་རྒྱས་ཐོབ་པར་བྱིན་གྱིས་རློབས། །ཨོཾ་ཨཱཿཧཱུྃ་གུ་རུ་བཛྲ་དྲི་པ་ས་ན་སིདྡྷི་ཧཱུྃ།

測迪 桑給 透巴 金紀漏　嗡阿吽 咕如 班雜 迪邦 薩哇 悉地 吽

此生證悟佛果請加持

覺醒的明光

伏藏王多傑林巴 傳承

堪祖蘇南給稱仁波切

不丹布薩祖古

目次

3 多傑林巴傳承上師瑜伽甘露寶瓶——多傑林巴大圓滿前行法 45

8 上師相應法 159

9 實修上師相應法 181

10 淺談禪修 197

出書緣起

堪祖蘇南給稱仁波切在利益大眾的願心驅使下，謙稱以自己的有限經驗來講述甚深佛法及廣大修行要點，爲了能利益更多的有緣眾，所以特別將過去三年來講解多傑林巴伏藏大圓滿前行法，及相關禪修要點內容整理出書，不僅是爲了讓佛法初學者藉由本書內容，如九節佛風呼吸法及氣脈觀修要點等，透過簡易實修練習，將呼吸調氣禪修融入日常生活，進而對佛法產生信心。仁波切更希望透過本書的介紹，讓讀者對大圓滿前行法及禪修實修次第有更深入及正確的瞭解。

《多傑林巴傳承上師瑜伽甘露寶瓶》屬傳承前行法。此多林伏藏前行法儀軌結合上師瑜伽法於大圓滿前行法中的每一階段，是多傑林巴大圓滿前行法儀軌的不共特色。本書內容包含如何以正確的動機實修皈依發心，以提升自己的菩提心，並透過持咒及觀修百字明咒懺罪法去除蓋障，再以供養三身曼達累積修行者的福德資糧及智慧資糧。仁波切更於書中特別針對修行者開示，如何尋找累世善緣上師，並以正確動機依止及修持上師相應法，直至證悟佛果。仁波切特別強調「懺悔淨除障礙」及「累積福智資糧」，猶如鳥的雙翅，車子的輪胎，在修行者尚未證得初地菩薩之前，兩者缺一不可。

前行法是大圓滿法道路的重要支分，證得佛果要靠累積資糧與消除業障。前行法已包含全部九乘教法，從「原因經教乘門」到「果密咒金剛乘門」的精要。例如：**皈依**、**發心**，其不僅包含了「小乘」的聲聞獨覺因經教乘門也包含了「大乘」顯教的菩薩道。在皈依的時候，已包含「小乘」聲聞獨覺的道次第實修方式；而在發菩提心的時候，把「大乘」菩薩道次第實修之路都歸納在內。

在**金剛薩埵百字明咒實修**中，透過懺悔來淨化所累積的罪障，這是共通的道次第要點，也是守護誓言及「密乘金剛乘門」中的「果」的關鍵要點。**獻曼達**也是共通乘門，能累積資糧、種福田、消除罪障，使修行者根器趨於成熟，以進入正行修習，且於正行修行時，易於證悟的特別方法。

而**上師相應法**為「道」的究竟處，將阿底瑜伽的見地觀修與行持，完整無遺漏的包含在上師相應法裡。因此，整個「前行法」實際上已完整地將全部九乘教法道次第關鍵全部歸納進來。所以前行法甚至是比正行法更加深奧。

現代人的生活步調忙碌快速，禪修對現代人身心狀態的調整益發重要。本書也特別收錄仁波切對於繁忙現代人所開示的**日常簡易五種禪修瑜伽修持方式**，也針對禪修實修者特別整理禪修精要次第，作爲禪修者檢視自己禪修的參考及依據。仁波切開示，佛法的「見地」爲因緣緣起，因果與業力眞實不虛。佛陀講述八萬四千種法門，若簡要這些法門的重點，就是不造任何惡業，如法累積善根並且降伏自心，這就是如來的教法。修行者必需明瞭佛法的「見地」與「行持」並且能控制自己的身口心，之後才進入「道」諦的修持。

小乘所說的「道」修行爲四聖諦，也就是無常十六形象的「道」。而大乘法門，則是透過「五道」與「十地」來逐步觀修以證得菩提果。金剛密乘的「道」，是透過元淨堅斷的法門與自成頓超來作觀修，而最終得以證得虹光身成就。因爲眾生的根器，有上根、中根、下根的不同，而傳授各類修持法門及教法。

「道」法有「上士道」、「中士道」、「下士道」，每個「道」都能到達目的地，都能證得正等正覺果位；道雖不同，然而目標是一致的，只是修行的方式不同與證得佛果的時間快慢差別。也因爲眾生根器不同，佛陀才傳授了各式各樣的法門，這些都是屬「道」諦法門。然而，不論「上士道」或「下士道」，都應以修心及轉心最優先且最重要。「上士道」的轉心法，爲大圓滿前行法法門；「下士道」則是從止觀禪修開始。

禪修是使心平靜的法門，心若平靜，就不會隨著雜染的念頭遊走；而能掌控心，就能修心及轉心。此處的掌控心，並非把心固定在一個地方或一個點上，而是能令心自在。這樣的善巧法門，即爲禪修。所以「禪修」可以說是轉心修心的「前行法」。有好的禪修，心自然能平靜，修行者才有機會能眞正修正自己的內心及習性。佛法的初學者，若能掌握修心要點，對於將來在進入甚深廣大實修關鍵，才能更加順利。

仁波切期許本書能成爲佛法學習者的修行參考及信心依靠，進而對佛法產生強烈信心，更期盼能成爲修行者的修行助緣，早日契入本初自性，明光覺醒，達證悟大圓滿境界。

在此也特別感謝協助本書所有的參與者及翻譯老師、編輯及校稿義工。感謝他們的付出，願以此書所累積功德善業，迴向所有一切有情眾生。

台灣多傑林巴佛學會

二〇一七年七月十八日

堪祖蘇南給稱仁波切（布薩祖古）的祝福語

多傑林巴伏藏傳承在近代歷史上有許多傳承上師顯現證悟徵兆，如布利祖古、嘎嘉南嘎多傑仁波切等皆留下了殊勝修行的腳印作爲印記；又如阿嘉多傑天津仁波切在禪修中親見本尊，圓寂時也示現入定及獲得成就之徵兆；而歷代的布薩祖古上師們，也都有留下成就的手印，作爲後世傳承修行者的信心依靠見証。

多傑林巴（本書內文以多林簡稱）的大圓滿前行教法，爲前行法中的精要前行法，多林前行法囊括並濃縮了眾多前行法，如上師前行法、本尊前行法、空行母前行法、大悲觀音及文武百尊前行法等，幾乎所有重要修行關鍵都已歸入到多林的大圓滿前行法中，此伏藏法本簡明易懂又容易實修。

本書除了集結多傑林巴的前行法，並特別收錄禪修指導精要。因爲在多林大圓滿前行中的每個階段，都需要基礎禪修，尤其是進入實修大圓滿前，修行者必須能完全控制自己的心性，而唯有深厚的禪修基礎才能達到控制心性的目標，如此方能在根本上師直指心性時，能當下明心見性；之後再透過不斷實修，最終達到證悟佛性。

爲了利益大家，特別著作本書鼓勵大家學習多傑林巴傳承。期許大家能夠約束自己的身口心三門，將三門全心全意投入佛法實修，並在日常生活中好好努力及應用。也希望大家在實修過程中，隨時參考此書並獲得法益。

忙碌生活的現代人要眞正實修並不容易，若無法調伏內心，更難以獲得平靜。多傑林巴伏藏王所迎請的上師法、大圓滿法、大悲觀音法及許多伏藏法，不論是透過灌頂或口傳，傳承清淨而且從未間斷，故加持力強大；再加上修持者若能依此次第精要努力實修，則有容易獲得證悟成就之妙用。多傑林巴伏藏傳承特別注重調伏內心，歷代祖師遠離塵囂隱身密林實修，並將證悟實修的關鍵精華代代相傳下來，有緣的修行者若能努力實修學習，相信短期內必能有所成效。

本書所談內容均爲歷代上師、祖師大德所開示的教法，希望能透過本書播下種子，引發大家重視及修習多傑林巴伏藏法，尤其鼓勵大家勤加思惟，引發更多的疑問，讓本書成爲自己學習的動力。

台灣是佛法昌盛且教派蓬勃發展的地方，希望藉此順緣，將多林教法引介給有緣人，更重要的是讓實修者獲得伏藏傳承的加持力，以能速得成就。最終，也祈願多林教法弘揚世界各地，讓更多人領受法益、同霑法喜，獲得多傑林巴內心的證悟，一起成就佛果。這是我對本書最大的期望與目標。

祝福大家　吉祥如意。

堪祖蘇南給稱仁波切（布薩祖古）

二〇一七年七月十九日

（藏曆五月二十五日，多傑林巴證悟日）

舊譯寧瑪巴派伏藏王多傑林巴傳承介紹

舊譯寧瑪派伏藏王多傑林巴是大日如來的化現，於釋迦牟尼佛時代，示現為阿羅漢弟子阿難。之後，其身、語、意、功德、事業，在不同時代分別曾經示現為大博士、大譯師、大成就者。在藏王松贊干布時代，阿難尊者轉世為博學者敦彌桑布扎，他創立藏文並被派去印度取經及學習梵文，是第一位將梵文典籍翻譯成藏文的人，更使佛法得以在西藏扎根及發展。敦彌桑布扎圓寂後，轉世為比丘布那，再轉世為大譯師貝洛扎那，再轉世為寧瑪新給，再轉世為龍松大博士，再轉世為大伏藏師多傑林巴。

大伏藏師多傑林巴為五大伏藏師中的東方伏藏師，於西元一三四六年生於西藏衛區札朗溫孜，圓寂於西元一四〇五年。父親是密咒乘禪修士庫敦索南賈欽，母親為噶摩賈。多傑林巴伏藏師一生共親見蓮師二十五次，是不丹重要的寧瑪傳承者。多傑林巴教法極為密純，修行者多閉關實修，鮮少廣揚大眾。

多傑林巴伏藏師在七歲時於邦雄天山拜見釋迦賈欽，取得沙彌戒，立誓守護十學處及其所屬三十三種戒。隨後依止諸多弘法正士，並廣大聽聞新舊密咒正法。十三歲時，已親見蓮花生大士達七次，並如當年五大伏藏師之一，古魯卻旺，在其伏藏紙所預言一般，多傑林巴伏藏師於昌珠縣的一尊開口度母像的後背取得「三根本禪修法」，他還迎請取出了略品禪修法的紙篋、猛咒、百部精華術等等甚深大伏藏。

十五歲時，於錦達白唵岩洞開啓伏藏門，進入一間極爲寬廣的禪修洞，鄔金大士瑪哈古魯（蓮花生大士）親自降臨，啓建壇城，賜給金卷並授予口傳及灌頂，令其心續成熟。隨後鄔金大士又賜予諸多伏藏物品，如代表身像成就的祥燦、四卷上師法、百頁珍寶黃色經卷、四個盛滿長壽甘露的長壽寶瓶及嘎屋等懷攝物作爲累積福報之贈禮。除了鄔金大士親贈的伏藏物，多傑林巴伏藏師亦取出其它眾多伏藏，包括百品遺教、勝法瑪哈悉地續、父續廣大見地、母續明界日續、空行再滴日月續、無遷樂空相合子續心滴等十法類，以及密集四法、八支法等等。

多傑林巴伏藏師在珍珠水晶班公湖迎請伏藏法「實修導引法類」十部，在本塘慈氏佛殿長壽洞親見耶喜措嘉空行母，且獲加持長壽水。之後，在尼泊爾揚列雪聖地取得禪修物、法藥及赤松德贊法王與耶喜措嘉空行母之寄魂璁玉寶珠願成等伏藏。此外，也在各主伏藏地取得四十三種大伏藏與無數小伏藏，在各支分伏藏地取得百八伏藏。當多傑林巴伏藏師在聖地桑耶青埔取得甚深伏藏時，他第十三度親見鄔金大士。

多傑林巴伏藏師在眾人護持下，於弄嘰梅措的凶險岩洞處舉行了八教大法會。當時，當拉山的護法神集合了雪國重要神魔，一起祈請多傑林巴伏藏師對彼等眾傳授灌頂。在灌頂修法圓滿後，所有參與修法大眾得以在多傑林巴伏藏師的變化示現下，抵達八大屍陀林之一的清涼林處，並拜見八大持明，聽聞八大教誡。

伏藏師多傑林巴所取出的伏藏物，除上所述，尚有在類烏齊取得種姓主金剛薩埵佛像、在拉薩寶瓶柱內取得悲心形體十一面觀音像與檀香聖度母像等等無價身像。此外還有七世丸、如意誓言物等種種財物伏藏、大圓滿法金匙、達毗悉吉耳傳廣中略三品、療病醫方……等。經由這些伏藏物，多傑林巴伏藏師得以進行廣大利生事業。當多傑林巴在取得法伏藏根本金卷、財伏藏、物伏藏時，皆爲眾人親眼目睹，在迎請所有伏藏時，鄔金大士、耶喜措嘉空行母、大譯師貝洛扎那等聖眾都示現聖容，並賜予灌頂與教誡。

當年鄔金蓮師在啥布隴、喀曲、秀對帝卓諸聖地，進行了一百零八次火供與鎮壓法等法事，使西藏得以安樂。同時，蓮師爲了加持當代及後世修行者，親自抵達西藏洛札縣及不丹的帕羅達倉、本塘鄔堅法洲等等聖地，並在岩石上留下清晰手印、足印。多傑林巴伏藏師也於聖地，取出大譯師貝洛扎那的身像。

多傑林巴伏藏師圓寂後留下廣大遺教與授記，火化後留下無數舍利，作爲後世信心依靠處。其一生有許多不同的名號，如多傑林巴、貝瑪林、袞炯林、絳巴卻吉謝念、永仲林等。他所取出的伏藏法極多，總歸納爲「師、圓、悲」三大類：

【師：上師法類】屬蓮師實修法，此伏藏是多傑林巴在西藏取出，又分爲寂靜上師實修法「上師語集」及忿怒上師實修法「金剛盔甲」二大類。

【圓：大圓滿法類】典籍有三：《大圓滿父續見地廣境》（藏音爲：卓千帕舉答哇龍樣）、《母續十類心滴》（藏音爲：瑪舉寧體構具）、《無二續日月和合》（藏音爲：義美給舉寧答卡就）。

【悲：大悲觀音法類】有普救惡趣觀音、勝海觀音、心要總集、深要總集，共四大類。心要總集、深要總集取自西藏；普救惡趣觀音（藏音：涅頌坤究），取自不丹布薩旺度寺（Busa Wangdue Goenpa）附近聖地（Wangdue Bei-Yu Langda Nei）；勝海觀音（藏音：甲哇獎作）取自不丹布薩旺度寺後方的嗡湯聖湖（Tshomo Omg Tang）。

伏藏師多傑林巴所留下的殊勝灌頂、口傳、講解等教法，在西藏及不丹弟子們的努力之下，代代相傳未曾散失或中斷。多傑林巴伏藏師共有十一位主要子嗣，這十一個家族遍布於不丹各地，傳承的子嗣也代代守護著寺院。

堪祖蘇南給稱仁波切所主持的不丹布薩旺度寺（Busa Wangdue Goenpa），是由布薩祖古第一世聰美札西天津尊者所創建，尊者爲多傑林巴的後代子嗣，也是多傑林巴的心子傳承布薩祖古（Busa Trulku）第一世。布薩祖古傳承，從第一世至今，爲第十一世布薩祖古，布薩旺度寺均由多傑林巴伏藏王之子嗣守護著。

在眾多伏藏法派系裡，多傑林巴和貝瑪林巴一直以來都非常親近。伏藏師貝瑪林巴與伏藏師多傑林巴生於同個時代，多傑林巴較年長，貝瑪林巴較年輕，雖然二位伏藏師年紀相差甚遠，但互動頻繁且親密。他們的關係像父子、家人，或爲師徒互相學習。當多傑林巴在世時，貝瑪林巴曾於多傑林巴座前獲得多傑林巴教法。因此，當多傑林巴圓寂，並轉世爲丘登袞波時，丘登袞波去拜見貝瑪林巴，並從貝瑪林巴尊者前獲得多傑林巴教法及貝瑪林巴教法的灌頂及口傳。自此，多傑林巴法及貝瑪林巴法便相互流通。在多傑林巴的教法中，有些灌頂指導是從貝瑪林巴處獲得；同樣的，貝瑪林巴的教法中有些則是從多傑林巴取得。因此，多傑林巴伏藏法的靈魂核心「師、圓、悲」三大類，與貝瑪林巴的師、圓、悲三法類是非常類似。

1

第十一世布薩祖古轉世
堪祖蘇南給稱仁波切

法脈傳承

一、頂果欽哲仁波切傳承：甘珠爾佛說部口傳；教誡藏灌頂、口傳及指導。
二、貝瑪林巴傳承：五大伏藏王之一，全部之灌頂、口傳、指導。
三、多傑林巴傳承：五大伏藏王之一，全部之灌頂、口傳、指導。
四、吉美林巴傳承：全部之灌頂、口傳、指導。
五、寧瑪派頂果欽哲仁波切、崗頂仁波切、貝諾仁波切大圓滿傳承。
六、竹巴噶舉第六十八代傑堪布天津．通度大圓滿傳承。

伏藏王多傑林巴心子轉世布薩祖古

尊貴的堪祖蘇南給稱仁波切（Busa Trulku 布薩祖古），出生於不丹布薩旺度寺（Busa Wangdue Goenpa），仁波切同時擁有多傑林巴血脈及法脈傳承。仁波切年幼時即能認出前世隨身物品，當時多傑林巴傳承持有者阿嘉浪（Aja Lam）大上師，在依種種善妙徵兆與禪定淨觀後，認證蘇南給稱仁波切為第九世布薩祖古朋措多傑（Lam Phuntsho Dorji）之轉世。布薩祖古朋措多傑是多傑林巴之心子聰美札西天津的殊妙心滴傳承持有者，布薩旺度寺是由布薩祖古聰美札西天津所創建。

多傑林巴傳承佛學院「顯密善說增廣洲高級佛學院」

布薩旺度寺原以禪修閉關為主，但為培育僧材、弘揚佛法及廣揚多傑林巴伏藏法，於西元二〇〇〇年時開始著手籌建佛學院。尊貴的賈札仁波切特命名為「顯密善說增廣洲高級佛學院」。自此，布薩旺度寺多傑林巴傳承佛學院正式成立，並由大堪布貝瑪謝拉傳沙彌戒。

仁波切十一歲時，從頂果欽哲仁波切領受甘珠爾與舊譯寧瑪所有教法，於竹巴噶舉寺院學習，並於崗頂梭洛雪卓佛學院取得佛法哲學博士學位。西元二〇〇九年在崗頂仁波切、大成就者雅旺天津仁波切（Lam Ngawang Tenzin），以及雪布教區（Sephu Geog）人民見證下，接掌布薩旺度寺院，成為大住持仁波切（Lam）。

除原有布薩旺度寺，堪祖蘇南給稱仁波切目前亦於不丹設立及管裡中小學，高級佛學院、閉關寺廟、多傑林巴基金會（位於不丹首都廷布）、當拉寺（第十世布薩祖古出生地）及當秋寺的尼院。

堪祖蘇南給稱仁波切除任職布薩旺度寺住持，並於西元二〇一三年在台灣設立多傑林巴佛學會，定期主持各項教學、法會、灌頂、千手觀音八關齋戒閉關、禪修教學等。此外，也在台灣發行四張CD：「Music & Joy」、「Awakening 覺醒」、「Good Wishes 祝福」及「大悲千手觀音」。

西元二〇一五年在不丹國王及政府認證下，全球多傑林巴基金會總會正式在首都廷布成立，並設立禪修中心。

多傑林巴傳承分為血脈（子孫世系）及法脈（師徒世系）二大系統，若轉世尚未出生，則寺院暫交由家族管理。在多傑林巴圓寂後，由兒子確應嘉措承接傳承教法之重任。確應嘉措是王臣時代二十五位成就者之一，努欽桑杰耶謝的轉世。基於深弘悲願，祖師們發願再來，其所傳的血脈在不丹傳遞無有窮盡。其中，陸續轉世的有布薩祖古心子第六世邱吉多傑、第七世多傑天津、第八世雪饒宇瑟、第九世朋措多傑、目前的第十世雅旺天津仁波切及第十一世蘇南給稱仁波切，他們都是多傑林巴的家族後代。當中，第七世多傑天津與第八世雪饒宇瑟為年歲相差甚遠的親兄弟，第十世雅旺天津及第十一世蘇南給稱則爲叔姪關係。

第十一世蘇南給稱仁波切爲第九世朋措多傑之轉世，是現任布薩旺度寺住持，同時管理中小學、高級中學佛學院、閉關中心、廷布中心、當拉寺及當秋寺。現正籌劃新建，多林傳承大學佛學院的硬體建設及當秋寺阿尼佛學院。

2
佛堂設置與供養

佛桌擺設順序

由內而外，依序爲佛菩薩法像、觀想曼達盤、八供、燈、各類供品（如水果、花、水等）、香爐。

供水

沒有固定的數量，依照自己的能力便可，可以爲一杯、三杯、五杯、七杯、八杯、九杯……等，但至少要有一杯，重點在擺設漂亮整齊。若修前行法，理想的狀態是擺設八杯水，不過當然越多越好。

供壇城

平時可以供水或牛奶，或者依照不同法類而調整，例如修度母、大悲觀音八關齋戒或阿彌陀佛淨土法門，可以供牛奶。這裡說的不同法類，是指所修的法是屬於事續、行續、瑜伽續或無上瑜伽續。通常事續用牛奶，不能用酒，行續則可以用酒或是茶。

祖先牌位擺放位置

需配合當地風俗民情而有所調整。一般人在學習佛法以前，會把祖先當成自己的救渡者，但若已經皈依三寶並學習佛法，就應該把佛、法、僧三寶當成究竟的救渡者。佛堂是三寶居住處，因此佛堂要放在房子的主要位置。佛堂擺設原則上只供奉三寶及供品，祖先牌位可以另外設置在佛桌左側或右側或另外設置一個桌子，最好不要與三寶放在同一個佛桌上。其主要原因是：當我們觀想佛法僧三寶及壇城聖眾爲資糧田時，我們會對三寶獻供養、頂禮及誦皈依文，若是把祖先牌位與壇城聖眾放在一起，就會變成我們也同時皈依了祖先，請祖先來救渡自己，把祖先列入與三寶並置，這是不符合佛教教義。因爲祖先不是三寶，也沒有能力救拔我們脫離輪迴，而我們卻把他們放在佛桌上一起頂禮、皈依、供養，這反而會減損祖先的福報，對他們是非常不好。

對祖先要心存感恩，並懷念他們的恩惠，所以只要放在旁邊供奉及追思即可，而不是把他們供在佛桌上。有一傳統說法，假如家裡有祖先牌位或照片，可以把它放在佛桌的正對面，讓他們接受佛菩薩的保護及加持，這就像早期人們會選擇葬在面對寺廟或聖地處，就是爲了得到三寶的護佑。當然，若家中長輩無法接受，那麼大家還是要隨順當地文化習俗。

供養物品

供養的物品要依照自己的財力準備，財富多就供養多，財富少就供養少，即使身無分文，也可以只供養水，福報一樣廣大。假如無法準備諸多供品，那麼每天持續不斷供八杯水也很好。阿底峽尊者在西藏曾開示：「在西藏，沒有比供養水更殊勝的福報了。」其主要原因是，不論是誰，當他供養水時，通常都不會產生慳吝心；如果供養珍貴物品，不可避免或多或少會摻雜一些慳吝心，讓這個供養產生不清淨。反觀供水，不會讓人產生慳吝心，供養的品質愈好，其布施的果報就愈不可思議。不論是修行或經營士農工商，沒有好運氣，做起事來總是困難重重。因此就布施成果來看，累積福德資糧對修行者或一般世俗大眾來說都很重要。

資糧分為「有緣取的福德資糧」及「無緣取的智慧資糧」，前者指有供養者、供品及供養的對境；後者指諸法無二無別、自性是空的智慧。這兩種都可以累積我們的資糧。供養是累積資糧的一環，直至證得佛果之前，都必須時時刻刻供養，這是很重要的事。

供養時機

什麼時候供養？不是只有在修行的時候，日常生活中隨時隨地都可以供養；例如點燈、點香、喝水、吃飯，或看到美麗的花、美麗的風景也都可以供養，甚至在平日飲食，也可以觀想供養自己體內的文武百尊。

供護法

大圓滿前行法的修行者，最好每天都能修護法，這是非常重要的。俗話說道高一尺，魔高一丈，雖然佛法本身已俱備極大加持力，但在努力精進實修的時候，不可避免會遇到許多障礙；而排除障礙則需要靠護法的幫助，特別是護持上師法的護法。若能經常修習護法儀軌，對自己的幫助是非常大。

爲方便大家實修，我們也編輯了多傑林巴護法法本，裡面包括舊譯派的護法，以方便大家攜帶，也容易每天實修。雖然有些護法是登地以上的大菩薩，但並不是每位都是，所以依止護法時，應該把祂們當成助伴，如同結交朋友一樣。換言之，站在順緣的角度來看，就像是有多位可以幫助我們的好朋友，在遇到困難時，能夠寄託祂們幫助我們排除困難。

寧瑪派總體的護法是母、星、誓三尊，一髮母、羅睺羅、誓言（具誓）善金剛。除了這三尊，還有孜瑪，既是寧瑪的守護神，也是地方守護神之王；因此外出時，可不用再拜當地的守護神或山神等神祇。另外一尊是格薩爾王，祂能增長、增廣我們的威力及權勢，是這方面不共的守護神。

修法時，最理想的狀況是以「上等」方式作供養，要準備的基本物品如下：

護法杯

嚴格來說並未規定要用哪種杯做供養，只要是上好材質的杯子即可。供護法專用的杯稱爲

「樽」，最上者爲金子所製的「金樽」，次爲銀子所製的「銀樽」。如果沒有，也可以改用其它器皿。用護法杯比較好，因爲護法杯是成套的，上面的杯是供護法主尊，下面的供碟是護法眷屬所享用。

上供飲品

獻供時，不限飲品。上等飲品，用由質純、精良的穀物或水果釀製而成的酒，不可以用劣酒。以酒供養，是因爲酒是五穀釀，含有五穀精華，所以特別具有威力。但有些地方習俗對供酒很敏感，會產生不好的念頭，此時可以改供熱茶。

供養的飲品最好是用酒或是茶，再次爲牛奶，最後爲果汁。倒護法酒時，要把杯倒滿，並且溢出到供碟中，碟子盛滿至少到三分之一處，供護法眷屬所享用。

修護法的時間

一般來說，整天實修的人，應該選擇太陽即將下山、正黃昏時修護法；修完的時候，剛好太陽下山，這是最理想的時間。之所以有這個習俗，是因爲天空的天神、地底的龍神、地面的山神、土地神和城隍爺都在黃昏時活動，此時對祂們較方便，容易出來受用。倘若因為工作繁忙，無法黃昏修法，可以選擇白天先修護法。尤其若是當天有重要工作或重大事情，若能早上先修護法，並誠懇供奉，請護法幫忙，就可以讓事情順順利利。如果白天忙而無法修，則晚上下班後再修也是可以。

修護法應注意事項

一般依止上師本尊時，要把上師本尊觀想在自己的頭頂上，同時內心升起強烈的意念，希望得到上師加持及賜予成就，但這不適用於護法。對修行者來說，證悟的增長增廣要靠上師及本尊，但為了要順緣齊備及排除修行阻礙，這時就需要靠護法了。二者間的差異，務必要釐清，否則有些人可能會誤把護法當成自己修行的重點，而一輩子依止護法，只努力修護法，這反而會造成危險，譬如當死亡來臨時，此人可能會被護法召喚，來生轉為護法的眷屬！

依止護法，是把祂當作好友助伴；遇到困難時，請護法幫我們解決，但不能以凡夫的形象去依止祂，應該觀修自己為本尊，請託祂們的協助，稱為「請託事業」。假設護法未證得初地菩薩，只是世間一般的守護神，也不是很正派，那麼祂的內心還有許多的妄念及不好的習氣，而若我們自觀本尊來修護法時，就能避免受到傷害。因此修護法時，自觀本尊是非常重要的，一定要注意。

自觀本尊的方法有很多，我們是根據多傑林巴的教法來修持，所以是採用「上師跟長壽佛」一起實修的方式。護法儀軌要當成自己的日常課誦，修持時觀想：自觀本身為上師蓮花生大士及長壽佛之本尊，以自己是本尊的情況下修持護法。如此觀修，那麼前面所談到的關鍵重點就能齊備，也不會有危險。

修持及供奉護法的時候，若自己是以凡夫的想法、外形和念頭供奉，是不會容易且快速的滿願；反之，若自觀本尊，在本尊的我慢下，把護法當成幫助我們的左右手，那麼成辦事情就會很容易、很迅速，加持力也會更強大。

我們要特別注意，護法所發的誓言是保護佛教，因此供奉護法時，如果目標只是為了「保護我們」、「去除我們的障礙」等等，這是不可以的，因為祂們立下的誓言是保護佛教，不是保護個人。這就是為什麼，護法儀軌的內容都是祈請幫助保護佛陀聖教、保護我所信奉的某某教派、保護傳承上師等。

供奉護法，請託祂們消除那些會傷害佛陀的聖教、傷害自己的宗派、傷害自己與上師以及傷害自己的那些仇敵，把這些會製造阻礙的邪祟消除；要以這樣的想法修持護法，內心不能只想到自己以及自己所遇到的障礙及困難，因為那不是護法的誓言。其次，若面對十惡不赦的大仇敵、阻礙者、傷害者，這裡是指破壞佛陀的聖教、破壞自己的宗派、或傷害自己的上師，在這類嚴重的情況下，如果自己是位證悟已達堅固的修行者，可以修「度脫法」，牽引對方的神識度脫到淨土。這個「度脫法」還是護法儀軌，但因為我們尚未擁有這種能力，因此現在修持護法的目標是發願，祈求把障礙去除，而不是把對方消滅掉！遇到一些障礙、困難，可以請護法排除這些困難障礙，但絕對不可以想把仇敵消滅掉或讓對方痛苦，須以這樣的心態來修護法，因為萬一真的把對方殺死或讓對方遭遇痛苦困難，則會造作殺生及不好的惡業。

遇到有人對我們下詛咒，或有惡劣的想法，或者做惡劣的事及障礙自己，又或法友實修時產生了修行上的阻礙，此時可以請護法幫忙排除詛咒、傷害、障礙等，這一類的祈求是可以的，但千萬不能請護法去傷害對方，消滅對方，若以這樣的做法是讓自己離開大乘的道路，這是會造成危險及嚴重的後果。我們要經常修四無量心，讓內心得到潤澤，修法自然會具有威力。修法時，要有慈心、悲心及利益他人的想法，例如祈願聖教不能沒落，祈願上師長壽弘法等等。總之，要有善良及清淨的內心，以利益他人的想法供奉護法。這點要特別注意。

俗言「道高一尺，魔高一丈」。當修行者精進實修時，自然會產生很多障礙，如果沒有供護法，障礙可能馬上出現。由於這種危險時時存在，因此修持護法非常重要！以純淨的心，特別是善良的心，經常想到整個佛教、自己的教派、自己的上師，以慈心、悲心修持護法，才能得到最大的法益。

3

多傑林巴傳承上師瑜伽甘露寶瓶
多傑林巴大圓滿前行法

世界上各種宗教林立，佛教為其中之一。即使佛教本身也有許多宗派，每個宗派各有其修習傳承。現在我們學習的是藏傳佛教，藏傳佛教亦分成許多派別，其中主要有四派，現在談的是寧瑪派的多傑林巴大伏藏師傳承的「前行法」，又稱「加行法」。

聽聞教法前，首先要對一切有情發起菩提心及悲心。因此，請用以下的想法調整自己的學法動機：「三界輪迴裡的一切眾生，從無始輪迴以來都曾當過我們的父母。當他們作我們的父母時，都是用最好的衣服、最好的食物、最大的愛心來照顧我們，對我們有廣大的恩惠。現在這些對我們有廣大恩惠的眾生，他們希望得到快樂，卻不知道如何成辦快樂的善因；想要避開痛苦，卻不知消滅痛苦的惡因就是要消除不善業。而且他們想要達到目標的方法及手段，恰與正法背道而馳，走在顛倒的道路上；就像盲人走在空曠的荒野般無所適從，這些眾生是多麼可憐！」我們要以此等菩提心來學習佛法。

釋迦牟尼佛開示了八萬四千種法門，來對治眾生的八萬四千個煩惱；這些法可以歸納為十二部份，或分為「顯」跟「密」兩種教法。「顯」，是以「因」為道的教法，也就是通稱的顯教；而「密」，是以「果」為道的教法，也就是密乘的教法。現在我們要談的，就是以「果」為道的寧瑪派大圓滿教法。

簡要言之，寧瑪派教法分三：（一）遠傳的「教典傳承」，一般又稱爲「教傳」；（二）近傳伏藏的「伏藏傳承」；（三）「甚深淨顯」，屬於極深的「淨顯」傳承。

近傳伏藏傳承主要分爲東、南、西、北、中，五大伏藏，現在談的是第三位大伏藏師——東方伏藏多傑林巴的教法。多傑林巴伏藏師迎請出許多伏藏，總歸納爲「師、圓、悲」三類：

【師：上師法類】屬蓮師實修法，此伏藏是多傑林巴在西藏取出，又分爲寂靜上師實修法「上師語集」及忿怒上師實修法「金剛盔甲」二大類。

【圓：大圓滿法類】典籍有三：《大圓滿父續見地廣境》（藏音爲：卓千帕舉答哇龍樣）、《母續十類心滴》（藏音爲：瑪舉寧體構具）、《無二續日月和合》（藏音爲：義美給舉寧答卡就）。

【悲：大悲觀音法類】有普救惡趣觀音、勝海觀音、心要總集、深要總集，共四大類。心要總集、深要總集取自西藏；普救惡趣觀音（藏音：涅頌坤究），取自不丹布薩旺度寺附近聖地；勝海觀音（藏音：甲哇獎作）取自不丹布薩旺度寺後方的嗡湯聖湖。

每一類法都有其個別的前行法。爲了利益生活繁忙的現代人，我們現在所講述的前行法是總集師圓悲此三類精華，以方便我們修持殊勝的前行教法。

藏傳佛教四大宗派：寧瑪派、噶舉派、薩迦派、格魯派，各有其前行法；這些前行法其實大同小異，只是在修持的方式、上師引導的方式及部份手印……等有些許差異。因此若能將某一派的前行法好好扎根，學習其他傳承也可以學習得很好。因為前行法猶如房子的地基，地基穩固要蓋幾層樓房都沒問題。同理，前行修得好，才能成熟圓滿自心相續，之後再修大圓滿才能發揮作用。

若是前行法修不好，大圓滿也不可能修出成果。無數善知識教導弟子時，並非如大家所想的直接趨入正行，而都是要求弟子把前行做圓滿。事實上，前行比正行更深奧，但許多人不理解，總認為藏傳佛教為何如此麻煩。大家要知道，我們的「心」是極為粗糙狂野，必須用「法」來滋潤成熟。唯有心被調伏後，上師傳授教法或灌頂時，我們才能領悟及開展覺性，進而證悟大圓滿法。因此，希望大家不要有「前行法只是一個準備的動作」的心態，必須很認眞的學習、實修；要知道修好前行法並非易事。

前行法的解說大致可分為：從實修或從義理上來解釋；而義理解釋，又分為外解釋及內解釋。諸大師在教導及傳授前行法時，各有不同的解釋方法，而我將以實修為主來解釋。

多林前行法法本標題：《多傑林巴傳承上師瑜伽甘露寶瓶》；此處並未清楚標示出「五加行」的字眼，因為此伏藏儀軌於五加行的每一個次第階段的實修裡結合了上師瑜伽修持，這是多傑林巴五加行儀軌的特色。所以法本標題是以上師瑜伽爲重點。

一般來說，「法」的眞正意義爲「調整的方式」。由於我們從無始以來，就被惡劣習性控制，使我們無法看到實相的意義，因此對於這些違反實相的部份，我們需要調整，而調整的方式就是「法」。

總體來講，法分六度：布施、持戒、安忍、精進、靜慮、勝慧。這是大略的乘門及方法，以此爲基礎進入調整道路，經由六度，可以讓我們獲得解脫、成就佛果。

在眾多基礎方法中，現在要談「壇城花朵所指示的有緣天尊」。此句意爲：前世跟我們有緣份的實修法，跟我們有緣份的上師傳承。在眾多傳承法脈中，現在與我們具緣的就是大伏藏師多傑林巴所留下的前行法。

多傑林巴傳承前行法的殊勝四要點

殊勝處一：多傑林巴伏藏法為近傳承，所取之伏藏法衆多且完整

首先簡單介紹伏藏師多傑林巴。多傑林巴的前幾世，可追溯到導師釋迦牟尼佛的侍者阿

難，之後阿難轉世爲西藏大譯師貝洛扎那。貝洛扎那大譯師是七大譯師之中最殊勝的，他不僅是翻譯師，也是大博士、大成就者；他是首位將經典七部及口訣譯成藏文的偉大譯師，我們現在有這些經典可以閱讀、瞭解、禪修，最需要感謝以貝洛扎那爲主的一百零八位大翻譯師。這位在西藏極富盛名的貝洛扎那大譯師，一生利生事業非常廣大，然而所謂「道高一尺，魔高一丈」，他遭受的阻礙也很強大，甚至因爲給節瑪王妃在皇帝面前挑撥而被放逐到偏遠地區嘉姆察瓦絨。

貝洛扎那大譯師被放逐時，他知道一位與他有特殊緣份的調伏眾班木．美盼滾波也住在嘉姆察瓦絨，他是跟大圓滿教法有極殊勝因緣，也是一位能夠即身成佛的有緣人。當貝洛扎那大譯師抵達該地，這弟子一見到貝洛扎那大譯師，立即生起強烈信心。在因緣俱足下，貝洛扎那大譯師把大圓滿法中的「外心部」主要教法——「母子十八部」傳授給班木．美盼滾波。大圓滿法分爲「外心部」、「內界部」和「秘密口訣部」，不論哪一部都非常重視禪修時的端身正坐。身體端正，脈才會正，脈端正，氣才會正，氣端正了，才容易調伏內心。由於這位弟子已經一百一十多歲，年紀太老而無法端身正坐。貝洛扎那大譯師便想方法：將繩子綁在他腳上、用木棍頂在他下巴處，如此便能端身正坐不會倒下。據說因爲這個典故，才有後來的禪修木及禪修繩。獲得教法之後，班木・美盼滾波及其他主要弟子努力不間斷禪修，有非常多人因而獲得成就，他們也都在西藏做了廣大利生事業。值此同時，當代許多大博士、大成就者，例如蓮花生大士、無垢友及一百零八位班智達等紛紛被迎請至西藏。爾後，佛陀聖教便如百花盛開般的在西藏廣傳開來，此即歷史有名的師君三尊時代。聞名遐邇的桑耶寺便是在此時期建造的，由於桑耶寺落成，密咒乘弟子日漸增加，佛法更加廣傳。

蓮花生大士的主要弟子有王、民、友三人。王是赤松德贊，民為老百姓，指的是大譯師貝洛扎那，友代表好朋友，是耶喜措嘉佛母。蓮師在壇城將密咒乘教法完整傳授給他們三人。由於某些特殊教法對後代人特別有益，因此為了利益未來弟子及眾生，蓮師把這些教法預先埋藏起來，等待因緣成熟，再由有緣弟子取出來利益眾生。這些被埋藏的法就是「伏藏教法」。蓮師埋藏教法的同時也留下預言：「貝洛扎那會轉世再來，並將迎請出這些伏藏法來利益廣大眾生。」

貝洛扎那的轉世再來者，就是五大伏藏王的東方伏藏王多傑林巴。大伏藏師多傑林巴，果如預言的在西藏迎請出非常多的伏藏法，利益廣大弟子。不僅如此，大伏藏師多傑林巴也到不丹等地，在當地取出很多伏藏法。這些伏藏法最主要的是上師法（師）、大圓滿法（圓），及大悲觀音法（悲）三種，其他還有眾多的支分伏藏法：有四十二種、一百零八種等的區分。

殊勝處二：血脈及法脈傳承，未曾中斷

多傑林巴傳承主要分為「血脈」和「法脈」兩種。「法脈」是弟子傳承，「血脈」是家族傳承。多傑林巴家族現在還有十一戶，不丹布薩旺度寺的住持就是從子孫中繼承，再代代傳承下來的。不丹布薩旺度寺，除了「血脈」傳承，同時也有「法脈」的布薩祖古轉世傳承，所以「血脈」及「法脈」二者都未曾中斷，從蓮師時期一直延續到現今，其加持力道及威力跟以前一樣，不曾消損，代表了加持力未曾中斷。

也因此，其傳承下來的「指導傳承」、「灌頂傳承」等教法，修持伏藏師多傑林巴的法，比修其它法更易出現成就徵兆，離成就更近。這是多傑林巴伏藏法的重要特色之一。

殊勝處三：歷代祖師成就迅速，並留下殊勝印證

如果能依止此法努力禪修，那麼我們這一生在身口心三門的惡劣習氣，包括矯揉造作、不隨順實相等等，都能獲得調整；另外也會有好運氣、一切吉祥順利、快樂過一生、下輩子能投

生淨土等殊勝利益。上根器者，因爲能掌握禪修關鍵，此世便能契入內心實相、自顯本智、而證得成就。這些都有實例可考，單單考察傳承的布薩旺度寺，從第一代住持聰美扎西天津到現在第十一代，從歷代傳承祖師傳記可以看到很多得證的事蹟。此外，在寺裡修行的喇嘛僧眾，也因禪修而證悟增長增廣並獲得成就徵兆，這類例子很多。也因爲有這麼多往聖先賢的印證，除了我自己本身修持，現在也希望把這殊勝的伏藏教法傳授給大家，只要大家努力依法禪修，就能跟往聖先賢一樣獲得成就，這是無庸置疑的！若是上根器者，也許這個法很快可以讓他禪修獲得究竟、堅固，這也是毫無疑問的。

爲了讓大家契入多傑林巴伏藏法，特別介紹這一系列的前行法內容，主要是讓大家在修法前有非常強烈的信心；假若沒有信心或用懷疑心去禪修，會招來很多障礙，禪修也不會有任何效果。「不知歷史，不生信心」，這是爲何要先簡略講解教法的歷史，以便讓大家產生信心的依歸。切記：沒有信心，修了也不會有效果。（多傑林巴的詳細事蹟，請參照傳承介紹二十一頁至二十九頁）

殊勝處四：為前行法中之最為精要的前行法

多傑林巴大圓滿前行教法，是前行法中的精要前行法，其囊括了上師法的前行法、本尊的前行法、空行母的前行法、大悲觀音及文武百尊的前行法等，濃縮眾多前行法，是集所有重要關鍵前行法之大成，且法本內容及意義極易瞭解及實修。

修前行法前的重要叮嚀及注意事項

修持前的重要叮嚀

往聖先賢及多傑林巴前行法的特色和重要性已經爲大家做了說明，如果現在就生起強烈信心，是否能因此獲得解脫呢？答案是：不能！瞭解這些傳記、事蹟及祖師大德的覺受與證悟，主要是爲了讓我們產生隨喜及堅定對教法的信心，進而在內心產生勇氣並思惟：「我也要像他們一樣努力禪修。」倘若聽完這些事蹟，只有讚歎卻不能如實學習及禪修，那麼解脫也就遙遙無期了。

在我們的內心存有諸多惡劣習氣及壞習慣，需要靠自己用正確方法來調整，無法仰賴別人完成。佛陀曾說過：「我只是開示並指出解脫的道路，解脫要靠自己去做！」解脫成佛的道路應該怎麼做、什麼事該做、什麼事不該做、該怎麼禪修等，這些佛都已經解釋得非常詳細，但眞正要付諸行動的是自己！如果自己不努力，光是祈願諸佛菩薩牽著我們的手帶入解脫之地、得到佛果，這種情況以前不曾發生，現在沒發生，將來更不會發生！因此，對於別人的大悲攝受加持抱持著強烈的依賴心，這是不應該也是不對的！我們應該要對自己抱著強烈的期望，立下堅定的誓言：「我要在禪修上努力，要修出威力，要獨立自主。」大家的內心應該要有這種想法。

我以怙主敦珠法王的典故來跟大家分享。前一世 怙主敦珠法王在西藏開示「大圓滿教法」時，法王將教法的見地、觀修、行持等做了詳細的講解。雖然大圓滿教法的內容非常深奧、境界非常高，方法也非常多，但大圓滿法有其特殊處；如果是特別有緣的弟子，當他在聽聞教法的剎那，是能立刻解脫的。也因此敦珠法王盡力且詳細開示大圓滿所有的教法，當他很開心講完全部教法後，問聽眾有沒有疑問，當下鴉雀無聲，無人提問。此時一位頭髮全白、彎腰駝背、牙齒掉光、口齒不清的老媽媽很費力地站起身來，說道：「上師講的法實在是非常好，上師的加持力非常強大，這個法的加持力也非常強大，僅僅是聽法的這一刻，不要說是上師得解脫，聽法這一刻的我也差不多解脫了！但由於世俗之人並不認識自己內心實相，所以會有很多惡劣的習慣，而「法」就是要調整這些惡劣習慣。但從世間角度來看，這些惡劣習慣是表現在說話的方式、家人相處的方式等，例如：夫妻不和、吵架、詐騙、男女朋友之間的問題、子女有時爲了騙取父母的財富而想盡種種辦法等等，世俗之人做了壞事，惡劣的習慣根本很難調整改變。就世俗之人而言，從我們惡劣的習慣及所做的壞事來看，不要說我會墮在三界輪迴，上師你差不多也墮在三界輪迴裡面嘍！」這位老媽媽說完後，現場沒有一人敢說話。此時敦珠法王內心也起了一些憂慮，心想，這位老媽媽講得很對，大圓滿教法聽起來很高深，聽完後好像連我自己也都要解脫了，可是進一步去想，當我們要去實修並調整自己習性時，因爲這是要花很大的努力才能完成，可能大家又會覺得沒希望而放棄。

所以無論是「大圓滿」或「大手印」，這些法都很高深且加持力強大，但大家不應該因爲這些是很重要的法，感覺上聽起來不錯，好像光是聽一聽自己就可以獲得解脫，這種想法是錯誤的！大家不應該對法抱著這種期待，最大的期望應該是對自己。要想，自己要盡最大的努力、花最大的力氣去努力禪修！

之所以講解「法」的傳承歷史，主要是讓我們在瞭解其重要性後，能將它當作信心產生的依歸，進而由相信而生起信心，應該要有「我一定要進入這個道路來禪修」的決心，之後更願意花最大的努力來實修。進入這條道路，則要從五加行開始，花一輩子的心血，把身口心三門全部放在這法上。若能如此，除了輪迴以來的習氣會逐漸調整，自己也會越來越快樂，上等修行者甚至可以在此世得到解脫。即使我們無法在此世解脫，下輩子也會更加進步，將來一定會有解脫的機會！所以，即使這輩子努力看似沒有成果，但能讓生命變得更加有意義，並遠離痛苦，生活在快樂之中，這點是毫無疑問的。以上先瞭解這些，接下來再正式進行禪修。

重要關鍵：發菩提心並依止上師口訣來禪修

禪修需要依賴儀軌，有一定的唸頌、持咒，觀想及禪修方式，把這些整理成口訣有利大家禪修，就是「前行法」。這些口訣都是由上師指導，代代相傳，沒有衰損或中斷。大家按照口訣來禪修前，要先瞭解方法，這點非常重要。

阿底峽尊者的弟子曾問他：「三藏典籍跟上師口訣相較，何者重要？」阿底峽尊者毫不考慮回答：「上師口訣更爲重要！」。舉例來說，對於經律論三藏典籍精通的大博士，也擅於講解、辯論及撰寫，但假設他不瞭解這些關鍵口訣，很容易產生「內心」與「法」分離的危險。「法」甚深且廣大，甚深的部份如「空性」，廣大的部份如「道次第」；教言猶如大海無量無邊，倘若沒有透過上師口訣禪修，不但摸不著頭緒、抓不到重點，甚至可能導致「人」跟「法」分離，且產生背道而馳的危險。因此，禪修一定要根據傳承下來的「上師口訣」，不僅如此，前行法的觀修也是，歷代傳承有其實修方式，要瞭解這個方式並依法禪修，這是很重要的！

修持前行法是爲了能與六道眾生一起脫離輪迴痛苦及證得寂靜涅槃果位，因此我們要有出離心、厭離心及菩提心，來做爲修持的動機。每天臨睡前要如是思惟：「我要好好修持儀軌」，以此善念並懷著懺悔慚愧之心入睡。第二天剛醒來時，要立即提起正念觀想：自己的根本上師周圍有無量無邊勇士空行在前方搖動鈴鼓，發出悅耳的法音，他們口中唸誦著解脫修行的話語，敦促我們趕快把握時間、把握暇滿人身，爲了利益眾生修持。我們要在內心發起出離心、厭離心、慈心、悲心及菩提心等正念，抱持遠離輪迴之期許心，以這樣的觀想做準備。接著在開始修皈依發心之前行法之前，還有一些大家要注意的事項：

修前行法前的注意事項

●注意事項一：吉日

首先要挑選良辰吉日來起修，有好的緣起將來禪修也會比較順利，如言：「身體結緣起，內心得證悟。」外在緣起好，內心自然容易產生證悟。

接著是設置佛堂，就外在而言，供品、唐卡、佛像等，若能夠力求美麗及盛大是最好，因爲這樣可以累積自己的福德資糧並消除罪障；若礙於經濟能力或場所限制，無法設置佛堂，也可以只用上師資糧田的照片。不論是以何種方式，最重要的是內心專一，有虔誠的信心，並且懷抱強烈的希求心來觀想資糧田。若沒有強烈希求心，也沒有專心觀想資糧田，只是把佛堂佈置得莊嚴美麗，那也只是徒具形式，沒有眞正的用處。大家要明白，主要是在於內心的希求心及專注才是重點！

佛堂佈置妥當後，接著要「調整動機」，坐定後先思惟三界六道輪迴的痛苦，不僅人類有生、老、病、死痛苦，一切眾生同樣遭受輪迴痛苦的逼迫，輪迴實在是可怕又危險，必須在內心生起想要離開這些痛苦的強烈念頭。對於輪迴的痛苦及害怕，要像患膽病的人般，患膽病患者，見到油的食物就會作嘔想吐，完全沒有食欲也不敢吃；同理，若能做到一想到輪迴痛苦就作嘔，便能產生出離心，這就是對輪迴的厭惡心。所以，要先對輪迴有厭惡心，在此厭惡心的攝持下，下決心好好努力修習前行法，以便脫離輪迴痛苦。要在這種不造作的動機下來修持前行法。

●注意事項二：禪修時間

傳統的禪修時間是在黎明之前，所以在前一晚臨睡前要先發願，希望自己隔天起床後能好好修前行法，同時思惟：「自己已經耗盡大半輩子時間，浪費在無意義的世俗事務上，現在所剩時間不多了，無論如何要使生命更有意義，讓暇滿人身寶能發揮功效，希望障礙不會發生，希望我能掌握關鍵且修持圓滿。」要如此發願後再入睡，然後黎明前起床努力實修。

黎明前，通常是指清晨四至五點，也就是天未亮而將亮或是剛亮之初，修完法剛好天亮。天亮前修法的好處是那時內心比較清澈，容易產生覺受及證悟。此外，在佛陀傳記提到：釋迦牟尼佛是在半夜降魔，然後在黎明之前內心產生證悟而成就佛果。所以我們現在是依照佛陀傳記的情況禪修，這樣會有好緣起，加持力也大。若能養成黎明前修法的習慣，比較容易有成就。尤其當寺廟每年舉辦連續數天的大竹千禪修法會，通常在法會最後一天，會修持「求取成就」，則一定是安排在破曉前起修，這就是緣起於世尊證悟成佛的禪修時間為例。就緣起來說，黎明前修法是最好；但由於每個地方的習慣及生活作習不一樣，假若無法在黎明前禪修，那麼任何時間都是可以修，這總比都不禪修要來得好。

注意事項三：起修的方式及心態

一般習慣是醒來後便下床直接去刷牙洗臉等，但身爲修行者，應該先進入醒寤瑜伽修持，不要急著起身下床盥洗。也就是說，醒來後應當先生起出離心，然後端身正坐，調整身口心三門，起床時觀想前方虛空遍滿勇士護法守護著我們，他們發出「諸行無常、有漏皆苦、諸法無我、涅槃寂靜」四法印的法音來鼓勵及敦促我們實修。起床時先好好思惟四法印：「自己一輩子多數時間都浪費在世間俗務上，接下來剩餘的時間不多了，現在應當好好珍惜時間努力實修，因爲以後不一定還有機會禪修。」我們要以這樣堅定的信念來思惟。舉例來說，假如自己明天要做一件非常重要的事，通常前一晚會因爲掛念隔天的事能否順利進行而無法入眠，也可能整晚翻來覆去睡不好。爲什麼？因爲它是一件重要的事情。所以，我們對於佛法也應如此重視，佛法才是最重要的事情！我們要這麼想：「這是我的重責大任，也是最有意義的事，現在不做，以後可能沒機會了！」心裡要堅定、肯定的想，以此心態調整動機，之後身體不緊不鬆、不鬆散地坐好。

注意事項四：身要點及氣脈觀想

在坐姿方面，如果身體狀態允許，應該採毗盧七支坐，這是身要點，也是調整三門的關鍵。身關鍵有七個：

1. 金剛跏趺坐：腳雙盤，右腳在上，左腳在下。

2. 手結禪定印：右手在上、左手在下。

3. 背脊要直：脊椎像箭一樣端直。

4. 肩膀放輕鬆而不緊繃：肩膀不要內收，要像老鷹一樣擴展，脊椎才會直。

5. 收下顎：喉結要稍壓住，頭要稍微往下壓一點點，下巴往內縮。

6. 舌抵上顎。

7. 眼睛朝鼻尖方向的虛空看。

關於挺直背脊這點再做一些說明。我們可以先花點力氣把脊椎挺直然後放鬆，放鬆之後脊椎就會呈現自然挺直的狀態。若脊椎能很安穩且不費力直立，禪坐再久也不覺得累；反之，脊椎若太直、太用力或者彎腰駝背，脊椎容易累也容易受傷。

毗盧七支坐，是毗盧遮那佛（即大日如來）禪修時的坐姿，故稱毗盧七支坐。如果無法採金剛跏趺坐，可改採半跏趺坐姿勢，也就是左腳單盤、右腳安放在外，此又稱菩薩跏趺坐。不管採取哪種坐姿，雙足都要收起盤坐、脊椎伸直，這是身體的要點。切記：不論在實修何種儀軌都要保持此身體要點，不能以一般坐姿實修，這是對法的恭敬，這點不論是初學者或久修者都應該要知道。一般世俗人都是隨便靠著或伸手伸腳的坐著，但身爲修行人，要把放逸的身體收攝起來並約束它，不能散漫，要處於謹愼及對法恭敬的威儀當中，這樣也比較容易讓自己的心安定下來。身體端正，脈才會正；脈裡面有氣和血流竄，如果脈端正，氣就暢通不阻塞。心識依於氣，氣是心識的馬，心識靠它來來往往，如果脈端正、氣順，心就能穩定，就比較容易控制心識。有時上師見到弟子坐姿不端正而告誡弟子，彷彿是在對弟子做無謂的要求，但事實並非如此，大家要知道這是實修者要保持的身體要點。以上是身體的調整方式，也稱爲「身要點」。

身體坐好後，接著進入身要點的觀想。觀想時主要是觀想體內有三個脈：中間是中脈、右邊是血脈、左邊是精脈。中脈從肚臍以下四手指處開始，向上延伸到頭頂正中央，止於頭頂之處；右脈從右鼻孔往上，經右眉心再往右耳後繞，然後順著中脈旁往下走，直到中脈下端處彎曲跟中脈連接。左脈從左鼻孔往上，經左眉心再往左耳後繞，然後順著中脈旁往下走，直至中脈下端處彎曲，跟中脈連接。三脈觀想完成後，要觀想脈的四個特色：

- 特色一：像芭蕉樹木一樣端正筆直。
- 特色二：脈約如一般原子筆般粗細，也跟小指頭寬差不多。

•特色三：像蓮花花瓣一樣薄而柔軟。

•特色四：呈現蔚藍色、透明、光亮，如同油燈般有亮度而非黯淡無光。

●注意事項五：吐濁氣與呼吸關鍵

坐定並觀想完成後，先進行吐濁氣，把昨天剩下的廢氣濁氣全吐出去。接著進入外醒寤瑜伽「九節佛風」。九節佛風的方式有很多種，有吸呼三次、六次、九次。由於我們需要配合觀想，若只做三次往往還沒觀想完，就結束了；因此，我們採用九次吸呼。九節佛風的坐姿是要先結金剛拳並壓住煩惱脈，此脈位於左右腹股溝處，也就是坐時骨盆腔及大腿連結彎曲處。這是煩惱氣出入的地方，所以要用金剛拳壓住及約束它。金剛拳的握法是姆指壓在手掌上第四指無名指下方，然後握拳。練氣及修氣時，假如不能先把煩惱氣降服，它會跟我們禪修的氣混在一起，那麼氣可能會錯亂，嚴重時可能會有發瘋的危險！所以還沒有練氣前，就要先把煩惱氣出入的地方壓住、先約束住。用金剛拳壓住腹股溝，這是關鍵！

壓好煩惱脈後便進入吸呼，其方式是從右鼻孔吸氣，從左鼻孔呼氣，如此算一次，然後做三次算一組；接著換左鼻孔吸，右鼻孔呼，如此算一次，然後做三次算一組；最後兩鼻孔一起吸，一起呼，如此一吸一呼算一次，也是做三次算一組。如此加起來一共三組九次，稱爲「九節佛風」。做九節佛風的觀想方式如下：

第一組：右吸左呼

先用右手食指壓住左鼻孔，然後用右鼻孔吸氣，吸氣時觀想：十方諸佛菩薩羅列在前方虛空中，特別是本法傳承上師祖師，他們的大悲大願及三門加持功德力，如同我們點的香或檀香粉的煙，種種加持從我們的右鼻孔吸進來。當氣下至中脈交接處後，右手食指改壓右鼻孔，然後我們體內濁氣順著左脈上揚至左鼻孔呼出，左呼時觀想：我們在入胎時由母親紅菩提所形成的染濁及貪念心，從左鼻孔呼出去，呼出之氣是紅色的。如此反覆吸呼三次，之後換邊進入第二組。

第二組：左吸右呼

操作方式基本上跟右邊一樣，只是換邊操作。用左手食指壓住右鼻孔，然後用左鼻孔吸氣，吸氣時觀想：觀想前面虛空有十方諸佛菩薩、傳承上師祖師，他們的大悲大願及三門加持功德力如煙般從左鼻孔吸進來。當氣下至中脈交接處後，左手食指改壓左鼻孔，然後我們體內濁氣順著右脈上揚至右鼻孔呼出，右呼時觀想：我們入胎時由父親白菩提所形成的染濁及瞋心，從右鼻孔呼出去，呼出之氣是白色的。如是反覆吸呼三次，之後進入第三組。

第三組：同吸同呼

此時不需要壓住鼻孔。吸氣時觀想也是一樣，前面虛空遍滿十方諸佛菩薩、傳承上師祖師，他們的大悲大願及三門加持功德力如煙般從兩個鼻孔進入，吸進之氣順著右脈及左脈下沉至肚臍四指以下之丹田，吸進之氣至丹田於中脈尾端交換，左鼻孔進來之氣從右脈上揚至右鼻孔呼出，右鼻孔進來之氣從左脈上揚至左鼻孔呼出。此時觀想呼出之氣爲黑灰色或深棕色，此爲愚痴之氣，當兩個鼻孔呼氣時觀想，內心愚痴的習氣及惡業已隨黑煙呼出去。如是重覆兩次。第三次的吸氣動作同前，但呼氣時要縮小腹也就是壓丹田幫助氣用力排出，此刻同時把手順著大腿往膝蓋方向滑出去，然後雙掌張開並將餘氣吐光，此時因我們氣壓丹田呼氣，所以會自然發出小氣音。

以上是總體觀想，如果自己有某種疾病，可以在呼氣時配合觀想把這些病吐出去，這對治病有很大的幫助。其他還有諸多好處：調伏煩惱、增進健康、不易有白髮、不容易衰老、身體輕盈不沉重、能去除雜病等。不過，九節佛風最主要是針對貪瞋痴煩惱的去除。

九次吸呼全部做完後，九節佛風便完成。接著要慢慢的深吸一口氣，這是清澈的氣，然後氣沉丹田並提肛，也就是吸進的氣往下壓，身體下方氣往上提，讓上下之氣在丹田處會集凝聚，就是所謂的氣聚丹田。此時稍微安住，讓氣很平穩、很輕鬆的自然呼吸，不可以閉氣。無論何時，當氣聚集時一定要氣聚丹田，不可聚集於胸口，這點務必要注意！吸呼時要慢吸慢呼，氣若平穩、輕鬆，在修前行法時就不會妄念紛飛，這是因爲念頭是依靠氣，若氣收攝在丹田，就不會有妄念。以上說明爲呼吸的關鍵。

由於前行法的重點不是在練氣，所以並未特別要求如何呼氣及吸氣，只要氣聚丹田後正常、輕鬆、慢慢呼吸便可，不必特別思惟從鼻或口吸氣。嘴巴不要緊閉、要放輕鬆，上下唇微開留一點縫隙，讓氣可以出入。至於如何吸氣及呼氣是等到修拙火、修氣功時才會特別要求，因爲氣的進出錯誤，不僅會造成氣的錯亂，也會影響身體健康！

當我們在練習時，每個環節、每個步驟都要按照教法正確地去做。例如該結什麼手印、手的姿勢怎麼做、如何呼吸等等，都要完全如理如法，做得非常正確，不能馬虎隨便，更不可擅自修改，這點很重要，大家要瞭解這個重要性！雖然大家剛開始練習時可能會覺得有點困難，但只要經常練習，慢慢就會熟悉。實修的時候，除了講求正確，也要力求端正、完美、漂亮、有威儀，還要不急不徐，讓看到的人能立即產生信心、佩服及歡喜心。

另外要特別注意的是，如果不是同修法友或對佛法無信心之他人在場，請不要進行修持。假如在因緣不俱足之下，又或者對方不相信或不喜歡密咒乘，則更不應展現給他們看；倘若故意在他們面前結手印、做姿勢，自認爲這樣很威風很厲害，其實除了害這些人造下批評毀謗的惡業，對自己也無益，會造成自己在修法上的許多障礙。所以要非常謹慎小心，這也是爲何把密咒乘門稱爲「密法」的原因，「密」就是對不信者要保密之意。

●注意事項六：持咒與氣脈觀想、清淨口業，語要點

九節佛風做完後，請觀想舌頭上面有一個紅色的「讓རཾ」字，「讓」是火大種的種子字，由「讓」字射出熊熊烈火把我們所有外內密等障礙都燒掉。觀想時此烈火遍及我們全身，但主要是射入舌頭，將凡夫業力所形成的舌頭焚燒窮盡，之後轉變成五股或九股金剛杵。

金剛杵的核心有一個白色「阿ཨཿ」字。「阿」字外面有母音咒、子音咒、緣起咒層層圍繞。最裡層靠「阿」字處是白色的母音咒「嗡啊吽　阿阿　依依　嗚嗚　瑞瑞　哩哩　耶耶　歐喔　昂阿」，以逆時鐘排列，順時鐘轉動；母音咒外面一圈為紅色子音咒「嘎喀卡嘎哈昂　雜擦擦扎哈良　扎查查扎哈那　大踏達他哈那　爸帕巴爬哈瑪　雅拉拉哇夏　卡薩哈恰」，順時鐘排列，逆時鐘轉動；最外一層為藍色緣起咒「嗡　耶達瑪　黑都扎巴哇　黑敦爹肯　大踏嘎多　亥雅哇　爹替　肯雜由尼　若達耶央　巴迪瑪哈　夏瑪拿　梭哈」，同母音咒之排列及轉動方向，亦即逆時鐘排列，順時鐘轉動。

唸誦這些咒時要觀想咒語放光，第一次是照射十方，光中出現各種供養天女獻供給十方諸佛菩薩，令十方諸佛菩薩喜悅並放光，此光射入我們的喉嚨清除我們的口業並加持我們，因而獲得諸佛菩薩六字大明咒及六十妙梵音的語功德加持。第二次放光照射十方真諦語的成就者，光中出現各種供養天女獻供，敦請祂們放光照射並賜予我們加持，此光融入我們的喉嚨並清淨我們的口業。

口業有四種：妄語、綺語、惡口、兩舌。我們所講的話別人都不相信、不重視、不能實現，就是因為自己有嚴重的口業。口業分大、中、小，也就是嚴重、次嚴重及不那麼嚴重的。

實際上每個人都有口業，只是輕重差別。因爲有口業，所以修法唸誦咒語就不具威力。因此，要請這些眞諦語的成就者加持，清淨口業，讓我們講的話能具有眞諦語的威力；能如此慢慢觀修，之後講話便能逐漸具有威力。

唸誦法本時，帶有口業與口業清淨，兩者之威力及效果完全不同。此外唸誦法本或儀軌時，有時觀想不清晰，或者漏唸，或者唸過以爲沒唸而重複，會發生這些增添、減少、觀想不明晰等過失，因此需要一開始就先唸誦母音咒、子音咒、緣起咒，以便消除這類過失。其次，唸這些咒語也會獲得加持，讓我們具有眞諦語的威力；最好的情況是修持後能獲得即身解脫成就，即便無法修到此一境界，也會因修法而讓事情順利成功，或者自己講的話比較容易獲得他人信賴。

對初學者而言，要觀修這些咒語字有些困難，但不能因爲不易觀想就不去觀想；假如不觀想，修法是無效果的。爲了克服初學者無法清楚一一觀想種子字的問題，我們可以在唸這些咒語之前，思惟前面講的觀想內容及次第，然後再持咒。只要經常勤加練習，加持的威力就慢慢會出現。以上是屬於語的調整方式，稱爲「語要點」。

能夠如法修持，不只對出世間的累積善根及獲得解脫有幫助，也會爲現世帶來吉祥及好運。即使我們無法立即解脫，也會因爲累積廣大善根，慢慢減少世俗災難及阻礙，慢慢增加吉祥好運及順緣。這些利益是一定會有的。

從無始輪迴以來，我們的身口二門造作了許多惡業，也累積了很多壞習慣，這些惡業是近取因，會推動我們繼續這些壞習慣。現在透過禪修力量調整，先收束身口二門，讓壞習慣不會繼續，再逐漸淨化惡業；如此經年累月，一定會越來越好。因此收束身口二門非常重要，這是關鍵！

●注意事項七：下座時的禪修關鍵

下座後與他人來往要特別注意，在行爲方面不要傷害眾生，在言語方面不要刺傷他人、不惡口、不講壞話及不謾罵等，這些都很重要！一旦我們講了不好聽的話或刺傷他人內心，會造成對方胡思亂想、心情不好，害對方因此造作惡業，並浪費別人這輩子的時間，這類情形很常發生。有言：「吉人詞寡，躁人辭多。」禪修者要謹言愼行，多一言不如少一言，能不講話就不要講話，若開口一定要跟佛法有關。這樣語言的威力就會慢慢發揮，我們所講的話就漸具威力並得人信賴，也不會發生明明我們是對的、但別人就是不相信我們，甚至以爲我們在說謊！

以上所做說明，就如同生病就醫，醫生開了藥方，並叮囑哪些食物可吃、哪些需避免及各種注意事項；但僅僅吃藥，卻不遵守醫囑，疾病也不可能治好；治病不能單靠吃藥，必須配合醫生的囑咐。同樣的，修法不能單靠上座觀想，下座後，還有很多日常生活行為要配合。有些人禪修很久，甚至修了一輩子，卻不能進步的關鍵就在於把上座和下座分離；若能將上下座結合一起，禪修就能擊中關鍵要點，並突飛猛進。

●注意事項八：四份離三，內心的關鍵

前面講解收束身口三門的關鍵，接下來是內心的關鍵，這部份細講內容很多，但簡單歸納起來就是「四份離三」：四份當中，有三份不見了。何謂三份？就是：過去的事不必再去回憶、未來的事不要去追逐、現在當下一念不生，所以過去、現在、未來這三份念頭都沒有。當三時妄念不存在，就只剩下清澈、明朗、無雜念的心，這就是第四份：覺性本貌。換言之，不思惟過去、不思惟未來、不思惟現在，把輪迴及所有世間俗事拋諸腦後，內心安住在清明的覺性中，以此禪修；這樣禪修的力量才會強大而有力，對契入自己的覺性本貌有很大幫助，這就是內心的關鍵！

4
上師三身祈請文

任何密宗修持，都應該先祈請蓮師及上師法報化三身加持。蓮師七句祈請文大家應已十分熟稔，這裡僅講解上師三身祈請文。

祈請法身

頌文：**「奇矣哉，法界清淨法爾離戲論，無生無滅三世法界性，離戲任運圓滿大樂身，無緣大悲體性如虛空，祈禱上師自性之法身。」**

這主要是談法界在「勝義諦」及「世俗諦」之差別。「勝義諦」爲究竟實相，是遠離戲論的清淨法界，以究竟的實相、空性爲刹土、法界。「世俗諦」則指娑婆世間，例如：臺灣的國土、山河大地。就有情眾生來講，若能瞭悟內心，便能明白法性是不分過去、現在、未來三時（也稱三世），是不生不滅；一旦區分過去、現在、未來，就會有改變。當我們瞭悟到勝義諦的空性法界是離戲而不空洞，那麼五道十地、智慧、慈悲、斷除、證悟等功德就會自然生起、任運自成。法身安住於空性，地道資糧功德圓滿，俱有安樂寂靜等特色，並遍及虛空。

法身本來就俱備任運自成、斷除的功德及無盡悲心。有虛空處就有眾生，有眾生就有業力、煩惱、痛苦，因此佛的大悲自然會利益眾生，此爲法身功德。法身猶如清澈無垢的無雲天空，而天空的心要精華聚集在一起時，就好比太陽、月亮。以太陽爲例，若是無雲天空，則太陽的照射會遍及一切。因此就勝義諦而言，安住勝義諦法身時（遠離戲論的空性、總集慈悲智慧的功德），法身本來即具有力道與心要的精華及功德。

在此亦略說五道十地。五道爲資糧道、加行道、見道、修道、無學道，十地是指菩薩十地，依《十住毘婆沙論》開示分爲：

（一）歡喜地：初地始，得善法味，心多歡喜。

（二）離垢地：第二地，行十善道離諸垢。

（三）發光地：第三地，廣博多學，爲眾說法，能作照明。

（四）燄慧地：第四地，布施持戒，多聞轉增，威德熾盛。

（五）難勝地：第五地，功德力盛，一切諸魔不能壞。

（六）現前地：第六地，障魔逝已，諸菩薩道法皆現前。

（七）遠行地：第七地，遠三界，近法王位。

（八）不動地：第八地，若天，魔，梵，沙門，婆羅門無能動其願。

（九）善慧地：第九地，其慧轉明，調柔增上。

（十）法雲地：第十地，菩薩於十方無量世界能一時雨法雨，如劫燒獲普澍大雨。

祈請報身

頌文：「**祈禱鄔金蓮花生大士，任運成就大樂之淨土，身口意之功德與事業，具諸五本智慧善逝身，示現種種殊異慈悲心，祈禱上師圓滿之報身。**」

頌文中的「五本智慧」，指的是法界體性智、大圓鏡智、平等性智、妙觀察智、成所作智。我們的眼耳鼻舌身五根清淨的面貌，其實原本就是五種佛智，由這五種佛智轉變示現爲五方佛的外在形象。勝義諦的法身，就是空性與悲心匯聚在一起時，爲利益眾生而示現出各種形體，故出現「報身」，空悲雙運才能形成本尊。例如：一般修法時會先持觀空咒，這是因爲我們的身體是由業力習氣所成，我們把這些收攝到空性中，空性不是空空洞洞什麼都沒有，而是具有各種功德及悲心，然後安住在遠離戲論的空性法界中。當然，因爲我們尚未證悟空性，所以無法安住在空性中，但還是要盡量思惟培養這種習氣，這是緣起。

法性空性裡的各種功德，有大樂身、五道十地、斷德與證德、安樂、寧靜，而覺性本貌有「本質空」和「自性明」，其實我們本來就具有這些功德，只是我們無始以來受迷惑錯亂而不瞭解：覺性本貌就是佛果！由於不瞭解，所以落入輪迴，在輪迴中受了許多苦，其他眾生也是如此，因此諸佛及師尊們對眾生產生悲心，在本質空及悲心的空悲雙運之下產生本尊。

祈請化身

頌文：「**祈禱鄔金蓮花生大士，於此娑婆世間之淨土，大悲利樂濟度諸衆生，隨緣方便調伏諸有情，過去現在未來之三世，祈禱上師殊勝之化身，祈禱鄔金蓮花生大士。**」

上師爲利益眾生，示現世間形體，降生於南贍部洲娑婆世界。就佛而言，祂自性清淨、廣大無邊，根本不需要示現，然而十方世界有許多剎土及眾生，爲了利益眾生，祂安住在清淨法界中，在離戲的法界空性中有其自成之功德，再由這自成之功德示現出形體來幫助眾生。當然，也有很多大成就者乘願再來，這與我們因業力輪迴投胎不同，此稱之爲化身。所有的佛都有法報化三身，依其不同示現而有不同稱號，下圖為簡要比喻，方便理解：

三身	比擬	涵意	佛名號
法身	虛空	具有心要精華、能量等	●普賢如來（法身代表） ●阿彌陀佛
報身	太陽	心要精華、能量的凝聚	●觀音 ●長壽佛（法身：阿彌陀佛）
化身	水中之太陽倒影	心要精華、能量凝聚後化身成形體	●世尊、蓮師、上師仁波切等等

5

皈依發心之實修

不論修任何法或做任何定課，在唸誦祈請文時要以最強烈的信心觀想：大恩根本上師安住在我的頭頂上。這個觀想是因爲根本上師的功德等同諸佛，但其恩德勝於諸佛，因上師對我的照顧及恩惠更加浩大，要有這種定解。觀想後，才開始依照法本唸誦儀軌，唸誦時要理解，不要只是隨口唸誦。

由於我們已將頌文翻譯成中文，所以大致上看中文頌文便能理解；爲了讓大家更深刻感受，以下稍加解釋：

「具德根本上師如意寶，祈請安住我頂蓮花座，並以浩瀚大恩攝受已，賜予身語意之諸成就。」

此四句是世俗諦祈請，觀想上師安住在與自己同方向的頭頂上，祈請上師加持我們的根器，使心續逐漸成熟並邁向解脫。一般依根器不同，分爲上等、中等、末等三種禪修果：上等者，自己的身口心皆爲上師三門的遊戲示現，下座後亦同；中等者，下座時能明白「見色聲香味觸均如夢似幻、不是眞實」；末等者，雖然達不到中等境界，至少要能做到不沾染惡業，換句話說即使做不到善業，也不造作惡業。不能稱讚他人，至少不謾罵，並努力產生善念，不起惡念！若是努力做到，便可使我們的心續逐漸成熟並邁向解脫！

身為禪修者，不論何時何處都應該牢記這四句頌文，隨時祈求上師加持自己並使心續成熟，若能時常如是祈求及觀想，一定會逐漸進步！尤其當內心痛苦或憤怒時，要立刻觀想並唸誦這四句頌文三次、九次、二十一次或更多，祈求上師加持，讓自己的三門如上師，或明白所見如夢似幻，或至少不起惡念。

一旦認定依止上師，內心就要對上師完全信賴，並對輪迴產生出離與厭惡，思惟：「輪迴痛苦的壓迫多麼可怕，無論如何我都要徹底脫離並獲得解脫，這一切全得依靠上師！除了上師您之外，沒有其他人可以依靠了！」要在這樣堅定的信心下來唸誦。

依止上師善知識前要先觀察，觀察方式很多，大家可以多方運用。以多傑林巴傳承的要求為例，好的善知識須俱備「證悟優越」、「悲心優越」、「加持優越」、「教授優越」、「經驗優越」，此外還需有「斷證功德」。但現在五濁惡世中要找到這樣完美的上師其實很困難，因此退而求其次，至少先要觀察這位師父是否適合當自己的上師，真正確認沒問題才去依止。依止後保持並增長對上師的淨觀，不斷提升對上師的恭敬心與虔誠心，專注在上師的功德，學習把上師的功德與自心結合在一起，以此方式來依止上師。

「一切三時如來之體性上師您證知我，祈請加持我相續令成熟解脫，祈請加持相續中生起殊勝甚深道之證悟，並加持於此生中修持光明大圓滿道至究竟。」

這幾句是祈求上師加持，讓我能夠得到證悟，發自內心誠懇祈請。同時要有以下定解：我們現在所要修的上師法比其它法更具威力，現在依著上師逐步修持皈依發心、百字明、獻曼達、上師相應法。因爲已經瞭解輪迴痛苦，並生起想要脫離輪迴的出離心，因此我們要俱足願心及行心，來開始修皈依發心。

接著頌文如下：「耶瑪霍，總集皈處遍主轉輪怙，心間光明中脈宮殿中，前方虛空奪意供雲間，眞實降臨加持我相續，十八暇滿莊嚴此人身，喻數因及體性皆難得，定見成就大義最勝後，一心汲取精華祈加持，外內器情怨親中庸等，如何尋覓皆由無常壞，急迫正念死亡之精進，遣除耽著此世祈加持，此生黑白業力不自由，三界六道或高或低中，苦樂果報無欺成熟故，願能如理取捨祈加持，地獄寒熱餓鬼饑渴苦，畜生奴役痛苦何其多，即使善趣亦無安樂

時，猛烈生起厭患祈加持，彼中能救船長只唯一，具相上師最勝善知識，以三喜事善巧依止後，精進聞思修持祈加持。」

這段頌文主要談「四種轉心法」，前四句爲勝義諦觀想，也就是佛、上師和我們自己是無二無別。接著思惟暇滿難得、生亡無常、業力因果、輪迴過患等四轉心法，字面上的意義大家應該可以瞭解；接下來深入解釋，最主要的關鍵在於大家是否能眞正思惟及體會暇滿人身難得的原因、時間變化的無常快速、業力因果（善有善報、惡有惡報）等等。

暇滿難得

身爲人爲何暇滿難得？以三惡道及三善道的眾生數量相較，投生人道的數量非常少，獲得人身除需俱備持戒清淨（主因）、發無垢願（銜接的力量）、廣行波羅蜜（福德資糧，幫助的力量）這三個原因，同時還要俱備八種有暇、十種美滿，合稱十八暇滿條件。

簡單來說，「八有暇」是排除八無暇，讓我們有閒暇來修法。八無暇是指八種不利的因素，分別爲受生四非人道及受生四人道。「十美滿」又分爲五自美滿、五他美滿。

•受生四非人道：

1. 地獄。
2. 惡鬼。
3. 畜生。
4. 天人。

•受生四人道：

1. 生而爲人，卻沒有佛法住世。
2. 生於邊地（蠻荒邊疆之地）。
3. 根門不俱備。
4. 充滿邪見。

•五自美滿：

1. 投身爲人，獲得殊勝的人身。
2. 根門（眼耳鼻舌身）俱足。
3. 沒有造作殺父殺母的五無間罪。

4. 對佛法能信受奉持。
5. 生在有佛法的地方。

• 五他美滿：

1. 佛出世間。
2. 佛開示教法。
3. 佛法住世。
4. 有住持正法的僧伽，有人學習教法。
5. 俱備學法的順緣，如：衣食無缺，災障不侵等。

獲得人身寶而還有機會聽聞佛法，聽聞後即便我們願意且努力實修，實修時仍會遇到許多障礙，所以想要將法修到圓滿是很不容易的事；因此，俱足這些條件實在是非常稀有難得之事。我們現在獲得暇滿人身寶，是前輩子努力辛苦獲得的，如果不懂得好好利用這暇滿人身寶來修行獲得證悟，那麼以前的辛苦就毫無意義，白白浪費了。

生亡無常

外在器物世界，如山河大地；內在器物世界，如有情、六道眾生等等，任何我們所能想到的都是無常，都會毀壞。所以要精進思惟死亡，並祈請上師加持，能夠讓我們經常思惟生亡無常，斷除對世間事物的貪念執著，不要把時間浪費在無意義的事情上。

三喜事善巧依止

這部份的頌文淺顯易懂，不再多做講解。只就其中提到的善趣及三喜事來稍做解釋。善趣指投生於天、人、阿修羅等上三道，又稱三善道。三喜事是指三種供養，這裡有兩種解釋：第一種是以貼近佛果的角度來看，將供養分爲上等供養、中等供養、末等供養三種。上等供養爲法供養，但不是說大家聽完法後，便在家自修而不做其他的事；而是指依止上師後，對上師具有不退轉的信心，安住在上師的身語意三門，並且誓言不衰損，內心朝此實修，並經過上師認可爲適當的法器皿，及獲得上師授予口訣指導，契入覺性本貌，在這些條件齊備下，才可閉門專心實修，這才是眞正的實修法供養；中等供養指的是勞務供養及身口二門承事供養；末等供養則是指財物上的供養。

另一種解釋，是將供養粗分爲實修供養及法供養二種。實修供養在此處的定義與之前所解釋的上等供養相同，必須在獲上師認可後才閉關實修。現在許多人有錯誤的觀念，認爲偶爾來中心聽一、二次法，然後法本拿回家唸誦，就是實修供養；其實，這是錯誤的想法。也有很多人在家實修，發現有疑問，便發簡訊詢問，這種做法其實很不妥當，這不僅對法不夠謹愼尊重，而且很容易產生謬誤。若對內文或儀軌有疑問或不確定，就表示自己尚未俱足能力，還不能閉關實修。想要達到實修供養，有一定的次第：首先要淨化自己，讓自己成爲適當的法器皿，然後積極淨化罪障、累積福德，福德俱足後在上師座下獲得口訣指導，之後在實修過程中經上師不斷指正、引導及修正，直至毫無疑問並獲上師認可，才能閉關實修。

第二種供養雖稱爲法供養，但與前面以貼近佛果所分的法供養是不同，此處是指勞務、身口二門承事、財物供養等。例如禪修、辦理上師交待的事（比如在佛學中心的義工服務）、協助修建寺廟及供養諸佛菩薩等。雖然大家現在暫時還未達到能實修閉關的法供養條件，但我們要先多做準備，提供勞務及承事供養、修持獻曼達、經常的財物布施及供僧供佛像等等，來累積福智資糧，以便能讓自己早日成爲適當的實修器皿。

大家唸誦頌文時，內心要確實思考並產生定解，下定決心斷惡行善，努力執行，這很重要。能夠努力行善去惡，就是得到禪修的精華精要。大家要在這方面多下功夫。因爲我們業重，有時想要行善去惡、珍惜暇滿人身寶，卻經常出現障礙，因此更加需要上師加持。所以，再加上四句頌文：

「請賜加持大恩親上師，請賜成就無死顱鬘力，除諸障礙空行護法衆，衷心憶時請以悲眼視！」

這四句主要是祈請根本上師蓮花生大士加持、照顧、幫助，賜予我成就。這四句要配合前面轉心四法，唸誦時除了祈請上師，也要祈請空行護法加持，讓我在下座後也能恆常保持如下心念：「珍惜十八暇滿難得人身寶，努力行善去惡，能修好轉心四法並產生定解！」

做完上述祈請及轉念，接著準備進入皈依及發菩提心大禮拜。大禮拜時，若場地有唐卡佛像等類似佛堂的陳設最好，若不方便也沒關係，可以只觀想皈依境。我們所要觀想的皈依境照片在書本內頁，但那只是一個象徵代表，實際上我們要觀想的上師、本尊、空行、護法是無量無邊、層層圍繞，每尊都跟夜晚的月亮一樣明亮清晰。之後，接著觀想自己前方右邊有父親，左邊有母親，前面是自己的敵人仇人，後方有兄弟姊妹朋友及六道眾生，六道眾生後面為冤親債主。總而言之要盡力觀想六道眾生與我們一起皈依三寶並發菩提心，以此做大禮拜。

觀想皈依境後，當我們面對前方虛空的傳承上師時，內心要對三界輪迴的痛苦產生出離及厭惡，要生起努力禪修的決心，並如是思惟：「上師是三寶、三身、三根本的總集，除了您以外沒有其他人能救渡我了，我一切就依賴上師了！」要如此發自內心思惟，並產生強烈信心、寄託及依賴，然後開始唸誦：

「前方普賢供雲環繞間，總集三寶鄔金金剛洲，三本三身浩瀚皈依境，任誰具有即成大主怙。」

唸完後下座起身，口誦皈依及發心文之四句頌文，同時開始大禮拜計數。就如前面所說，為了鼓勵大家修持，現在把皈依發心與大禮拜合在一起修，也就是邊唸邊禮拜。禮拜時需要唸誦的皈依發心文如下：

「拿摩總集皈處上師仁波切，直至菩提精要誠皈依，爲令無邊無際情解脫，欲證無上果位發心矣。」

禮拜時，需觀想自己帶領著父親、母親、仇敵、冤親債主及六道一切有情眾生，一起皈依前方遍滿虛空的上師、諸佛菩薩及壇城聖眾，然後誠懇祈請上師、諸佛菩薩救渡我們。所謂皈依可分爲世俗諦皈依及勝義諦皈依，但不論是以哪一種來做皈依，至少對上師要俱備三種信心：清澈的信心、欲求的信心、相信的信心，深信上師可以引導我們走向解脫的道路。此三種信心中，最上等的是對上師具有無上相信的信心。

禮拜是禮敬的表現，也稱爲頂禮，主要是對治我慢，也代表持身卑下、恭敬，透過禮拜來調伏我慢，藉由身體行持善行及淨除身口心的「身」罪障。頂禮的種類細分有很多，一般歸納爲上等、中等、末等三種，上等是「見地上的禮敬」，用最高深的證悟做爲禮敬，例如：大成就者或證悟上師大德以他們的證悟做爲禮敬；中等是「心意觀修禮敬」，觀修生起次第及圓滿次第；末等是「勝解禮敬」，是一種傾慕嚮往的恭敬心。我們一般人能做到的，就是末等的「勝解禮敬」。

禮拜有不同的合掌方式，不論哪種方式都可以。若採取中空合掌方式，要觀想手中握有牟尼寶。禮拜時，要先合掌在心口，這是先淨化心意的罪業蓋障，因爲三門罪業蓋障中，最難淨除的是意的蓋障；然後合掌在頂上，做身體的禮敬，求取獲得諸佛「身成就」加持；接著把手合掌放在喉間，以自己的語言禮敬諸佛菩薩，求取獲得諸佛菩薩「語成就」加持。最後合掌於心間，以自己的意做禮敬，求取獲得諸佛菩薩「心意成就」加持。

接著以五體投地方式禮拜，就是兩手掌心、兩膝蓋及額頭碰地，其意思是將自己的五毒轉成五佛的本智，一切轉爲清淨。禮拜時需留意前手臂及手肘不要碰到地面，只有手掌碰到地面即可。手掌觸地後不要挪動，也不要翻掌。拜下後，也不翻腳背，也就是腳尖固定著地不動，僅腳跟離地。這部份密乘禮拜方式跟顯教有些不同。拜下時觀想所有罪業被洗淨，起身時觀想自己獲得諸佛菩薩的加持及成就。做皈依禮拜時，若能做大禮拜是上等的，若因身體或場所不允許，做一般禮拜也可以。皈依禮拜的次數可以依照自己的時間來規劃，如每次以五分鐘、十分鐘爲一個單位，或者以次數計，每次一百遍、二百遍、三百遍都可以。

我們藉由身體禮拜的方式達到「身」的禮敬，藉由唸誦皈依發心來做「語」的禮敬，再藉由虔誠聖潔的心做禮敬達到「心」的禮敬。這是禮拜的要點，若能眞實去做，哪怕只做一次都能變成十萬拜的功德。禮拜後，要把握這一刻，讓自己保持在安住的狀態，因爲拜完後通常會很累，也會讓我們許多念頭暫時消失，這是修持心性的好機會。此時要觀想上師化光融入我們的心間、淨除我們的罪障，心續獲得上師加持，與上師無二無別。要盡可能保持這種狀態，對我們會有很大的幫助。在大圓滿裡有各式各樣的修持方式會讓人感到很累，累到沒有念頭，那時候的心及覺性與上師融合，因此安住極爲重要！禮拜後安住在自性及覺性是很重要，要儘量延長時間保持在這樣的空性裡，但不必勉強時間要很長；只是，千萬別拜完就匆忙起身結束，立刻去做別的事，而沒有稍稍短暫的安住片刻。

現在許多人不能眞正瞭解佛法，常常把禮拜當作養生健身，雖說這也有養生及健身的功效，但這個目標太小了。做禮拜主要是淨除煩惱、消除罪障，這樣心才能寧靜安樂，要以此爲基礎，進一步修持心性以達到證悟及解脫，這才是眞正的意義及目標。一旦開始皈依及大禮拜就不能中斷，不可以今天做五千遍，然後放假三天不做。必須天天做，不論多少都要做，至少每天頂禮三遍、唸三遍，不能再少於三遍了。不論身在何處及如何忙碌，每天都要往前推進不可中斷，如此持續下去直至圓滿十萬遍。若能立誓願用一輩子的時間把前行法修圓滿，這是再好不過了。許多成就者，一輩子圓滿前行法數百萬遍，而不是僅僅圓滿一次五加行的五十萬遍修持。

皈依境收攝的方式及細節

禮拜告一段落圓滿後，要觀想皈依境的壇城聖眾放出光明，照射六道有情眾生並清淨所有罪業蓋障；接著再度放光照射我，清淨我的身口心三門，尤其是身門罪障。之後壇城聖眾化光，收攝後融入我自己，我自己也慢慢收攝，消失在無所緣取的空性中，接著在空性中安住片刻。能在無念頭的情況下，觀想自己身體化光融入空性並安住，對以後內心修到堅固會有很大幫助，因此要好好如法觀想。

靜坐片刻後，若時間上不允許，念頭出現時就可以唸迴向文：「**願我速以此善根，成就具德上師尊，並將一切諸眾生，安置成就於彼地，於汝勝解以及祈請力，但願吾等任居何方所，病魔匱乏鬥爭皆平息，並願教法吉祥皆增長。**」

正確的迴向

關於這部份，每個上師都有自己傳承的方式，有的是採取皈依發心及禮拜做完後，需延續唸誦後面的所有法本儀軌，然後才能做收攝次第並迴向；有的是告一段落次第後則可以先收攝次第並迴向，多傑林巴傳承是採取後者方式。在唸迴向文時，不要只希望自己此生幸福快樂美滿就好，現階段迴向的目標是把前行法徹底究竟的修好，要特別針對這方面來做迴向。平時大家實修時，不論在修任何儀軌前，都可以先唸皈依發心做為前行，結束時以迴向文做結行。

一般而言，若我們以每加行十萬次全部圓滿再進入下一加行的話，對現代人而言可能很容易會放棄。為順應現代眾生的習氣，大家可以先將皈依發心與大禮拜做滿一萬遍後，就可以進入金剛薩埵百字明禪修計數。但前提是皈依發心與大禮拜仍然必需繼續同時並進，也就是皈依發心與大禮拜要做，同時百字明也要持誦。必須皈依發心與大禮拜及金剛薩埵全部圓滿，也就是各十萬次，總計三十萬次圓滿後，才能進入獻曼達實修。

曾經有人問，若在其它地方已經獲得口傳，並且開始修持前行法，現在想改修多傑林巴前行法，是否有衝突？這部份需要個人自己先慎重思考，好好探討原因。如果先前已修了一個前行法，但沒有修完，是什麼原因讓自己想要來修多傑林巴的前行法？如果是因爲原本的前行法上課的時間地點無法配合，因爲自己因緣不俱足無法持續，又或者是，修了之後覺得好像對自己沒有產生什麼幫助等等；不論如何總是有些原因，自己必須好好針對這個原因思惟考慮。如果覺得以前的法對自己來說太困難，沒辦法繼續，而認爲多傑林巴傳承，可能比較方便而且容易實修、對自己比較有幫助、也較能持續做到；那麼，若是基於這理由來修持多傑林巴的前行法，這是可以接受的。

總之，不能無緣無故換來換去，不可以有那邊修一修，沒修完沒有關係，現在換來這邊修的心態。若是這種馬虎隨便的心態，那麼很可能在這裡修一修，將來同樣認爲沒關係，又換別的地方去修。這樣子會演變成隨意換來換去的壞習慣，是對佛法不尊重、不重視，是一種不敬的行爲。

其次，如果在其它地方做前行法已經圓滿五十萬遍，現在想要修多傑林巴的伏藏法，那麼多傑林巴的前行法還是要做。因爲多傑林巴法有其完整的修習次第，一般在前行法修完後，還有上師相應法的禪修、烈母火（拙火）的禪修、氣功的禪修等等，這些都跟傳承前行法有密切關聯，所以假如沒有修完前行法，屆時會比較難實修後續的法。

6

金剛薩埵淨障

聽聞教法時，請依照佛陀教授的以「良好動機」來學習。一般而言，除了以大乘講的「良好聽法行爲」而聞法，更應該以「良好動機」來聽聞佛法。現在我們聽聞的是密法，身爲密法的實修者，聽法時應當以五種美滿的方式爲動機。若無法以五美滿方式達到淨顯，至少要做到捨棄只爲個人的動機及想法，應當以爲利益一切眾生、一起聽法的金剛兄弟及累世冤親債主來聞法。總而言之，要以利益眾生的動機聽聞，是最基本的態度。

佛陀說的教法歸納爲顯密二乘，密乘教法又概分爲二種，一爲未成熟使之成熟的教法，稱爲「因地」；另一爲已成熟則授以命之解脫的教法，稱爲「果地」。佛陀教導我們從凡夫到成佛的方法及道路，不只祂自己成熟了知，而且親身走過，所以祂將這些方法及道路指示給我們。正因爲佛陀指示我們前往安樂及成佛解脫之道，因此我們尊稱佛陀爲「導師」。

現在我們身處「命濁、煩惱濁、劫濁、見濁、眾生濁」的五濁惡世時代，生命時間越來越短促，煩惱越來越多，佛陀教法也越來越衰落，教法宣揚不如往昔。我們要瞭解佛陀教法的殊勝及偉大，現在能有機會學習，應該好好把握，不要浪費大好機會，要立志好好學習。

修學佛法，要先掌握二個重點，一是如何良好學習，二是如何正確實修。密乘實修包含前行（又稱加行）及正行。多傑林巴伏藏法的實修法門特點眾多、內容深廣，但爲了讓大家易於修持，所以頌文都很精簡；此外，多傑林巴前行法還將上師相應法濃縮進來到每一前行階段，這是此法的特點之一。

之所以取名為前行法，意味著正式修持前的準備功夫。古今大德都主張「前行比正行重要及深奧」，所以我們應該慎重修持前行，不應輕視任何階段的前行法。我們要知道，修前行法是為了證悟心性實相，在尚未證悟心性實相前，應當持續努力修持前行法。

《金剛頂續》談到，一切以修行為主要，故應以善心產生強烈動機來聽聞教法。在教法上，不管是聽聞、實修或禪修，都有初、中、後三個階段，這三個階段必須有三種殊勝的行為來攝持，稱為「三勝行」。最初階段是前行，前行中最重要的是發心；中間階段是正行，也就是無所緣取；最後階段是結行，也就是迴向，我們必須在此三勝行的攝持下學習教法。

許多上師、善知識及登地以上的大菩薩，都將前行法修得很紮實，漸漸進步後才進入正行，甚少聽過可以沒有經過前行法的訓練，卻能將正行修好的例子。相較於正行，前行更加殊勝及重要，如果先能打好基礎，將來在正行階段就容易許多；所以大家對前行法不僅不應忽視，還應該要相當重視。此外，也應深刻體認到，因為自己有殊勝的善緣，才有機會接觸到前行法。

以實修的角度來看，過去的上師、善知識，他們在皈依發心的前行法都至少做了十萬次，甚至三十萬次，我也曾經聽到有些甚至圓滿三十遍或四十遍的十萬次。反觀現在，弟子做一遍十萬次就已經很困難了，因此許多上師開始思考，要用什麼方式教導現代的眾生。然而上師們發現，好像再怎麼簡易，對現在眾生而言還是會覺得困難；儘管如此，還是希望大家無論如何至少要發願，好好完成一遍十萬次，即使無法在短時間內做完，至少發願要在這輩子做完。

五大伏藏師之一的多傑林巴所傳授的教法，有正行法及前行法，現在傳給大家的是前行法中的精要前行法。前行法有很多種，有上師法的前行法、本尊法的前行法、空行法的前行法、大悲觀音法的前行法、文武百尊的前行法等等；將這些前行法的精要濃縮起來，就成了各位現在學習的前行法中的精要前行法。經由此等方式，這些內容及意義也比較容易瞭解，實修起來比較輕鬆，也不需花費很長的時間，因此現在所要學的前行法，是非常完整且功效快速又強大的一個方法。

若皈依發心及大禮拜各已圓滿十萬次，那麼在皈依發心的部份唸完三遍之後，就可以進入金剛薩埵儀軌。但若皈依發心及大禮拜尚未圓滿，卻想要同時進入金剛薩埵實修，那麼皈依發心及大禮拜還是要繼續進行計數到圓滿次數。也就是說，皈依發心及大禮拜要繼續做，金剛薩埵也要做。還有一點要注意：正常來說，前面階段的次數不應該比後面階段的次數少，例如皈依發心及大禮拜累積到一萬次，金剛薩埵卻已累積到一萬一千次，這是不對的，請大家務必注意。

先前，我們已經講解過皈依發心了。現在接著講解消除罪障的「金剛薩埵」。消除罪業蓋障的方法非常多，最殊勝的就是金剛薩埵懺罪法。總的來說，罪業沒有任何優點，唯一的優點是它可以藉由懺悔被淨化。如果我們想要清淨罪障或復原衰損的誓言，最殊勝的方式就是唸誦百字明咒。淨除罪障要靠懺悔，但不是只靠著口說或身體禮拜就能懺悔，所以修金剛薩埵淨障時，要藉由四力懺悔的方式，以四力爲基礎懺除所有罪業、蓋障、習氣、業債等，才是眞正的拜懺。

所謂四力懺悔分別是：

「所依力」，依止金剛薩埵；

「破壞力」，對於過往所做的罪業，內心由衷感到後悔，知道自己做錯；

「返回力」，今後即使面臨生命危險，也不再造惡業、不願再犯；

「遍行對治力」，願藉由百字明咒的唸誦及甘露流淨的觀想，以及廣行各種善行來對治惡業。

中文的金剛薩埵藏音為「多傑森巴」，「金剛」的藏音為「多傑」，意指「本來的覺性（淨分）」；「薩埵」的藏音為「森巴」，意指「法性基位實相（明分）」。就佛性角度來看，「金剛薩埵」指最精純的部份，是百千萬種無量密續的宣說者、開示者，是一切諸佛菩薩的總集及根源。百字明是文武百尊（又稱寂忿百尊）的名號，文武百尊住在我們的體內；五十八尊忿怒尊住在頂輪，四十二尊寂靜尊住在心間，而其中最精華的本質就是金剛薩埵。所以，修持金剛薩埵法門等同修持一切法，這是金剛薩埵法門的殊勝處，我們藉著觀想、唸誦金剛薩埵百字明來消除罪業及蓋障。

正式持咒前，要先祈請主尊金剛薩埵，並觀想及祈求淨障，請見以下誦文：

「吽，頂門日月寶座上，上師金剛薩埵身，身色如晶之心間，月墊吽字繞百字，由彼降下甘露水，清淨衰損諸罪障。」

金剛薩埵淨障觀修的次第及方式，分別解釋於下：

種子字之觀想與排列方式

首先，我們要眞心地對自己無始輪迴以來所造的罪業產生後悔之心，發露懺悔並且下定決心要去除這些惡習。然後觀想自己頂門的上方有蓮花，花上有日輪，日輪上面有月輪，與自己根本上師無二無別的金剛薩埵，正與自己同方向坐在日月輪上，金剛薩埵懷中擁抱佛母，身色透明如水晶。大家在修前行法時，只要觀想佛父心中種子字即可。

金剛薩埵心間有朵蓮花，蓮花上有月輪，種子字「吽ཧཱུྃ」，如透明水晶般，字朝東方立體站立在月輪上，非平面躺著，其材質類似玻璃或水晶。字的左邊是朝前面東方。許多傳承採用的觀想方式是字面當成前面，但是多林傳承是採字立體站立左邊朝前的方式，因爲藏文書寫的時候，是由左邊開始下筆的。例如，西藏的經書是長方形式，藏文經書在用經布包好之後，將註有經書標題的布片放在左邊，其原因在於藏文書寫的時候，是從左寫到右的。這個「吽ཧཱུྃ」爲五方佛總集代表。

細觀「吽」時，其分爲五色：（請參見封面之彩色吽字）

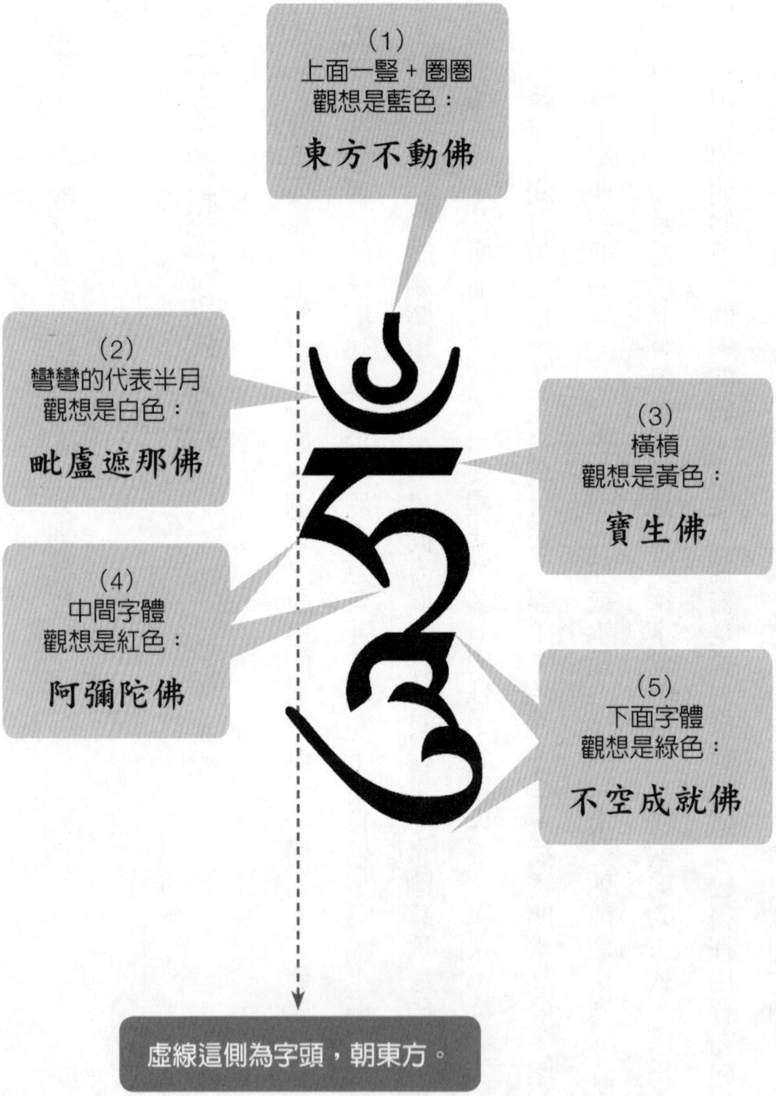

初修的行者尚無憶念淨相的修持技巧可能無法觀想本尊，但沒關係，可以觀想法本上的金剛薩埵如彩虹般內外光明瑩澈，雖然清清楚楚、明明白白，卻不實有，安座於我們的頂上，如是觀想便可。但不能觀想像唐卡畫片般扁平，或似木像或塑像，也不能觀想如同人般的血肉之軀。特別留意：金剛薩埵非土木像、非唐卡式扁平之外像，而是本質清澈、透明自顯的身體，是立體的。

接著觀想佛父心坎中的「吽ཧཱུྃ」字，其東南西北方各有一朵蓮花，每朵各有一種子字，東方為白色「**嗡**ཨོཾ」，南方為黃色「**班雜**」，西方為紅色「**薩**」，北方為綠色「**埵**」，其字頭均朝向中央「吽」字。最外圍則是百字明種子字圍繞著，其圍繞方式是：由上往下看，逆時鐘排、順時鐘轉，「吽」的正前方是「嗡」字。以「吽」字做為助緣，每個字的字頭都面對「吽」字，依序排列。排列時每個百字明種子字的字頭朝向「吽」；但旋轉時則就轉為平面式排列，也就是如同一個人跟著另一個人，然後依序跑。務必注意：排列跟轉動時是不一樣的方式及方向！

我們必須很專注地去觀想中央「吽」字及中間和外圍的種子字，要注意其排列方式、順序及轉動方向。如果大家暫時尚無能力去細觀中央「吽」字的五種顏色時，可直接觀想藍色「吽」字在中間蓮花上便可。

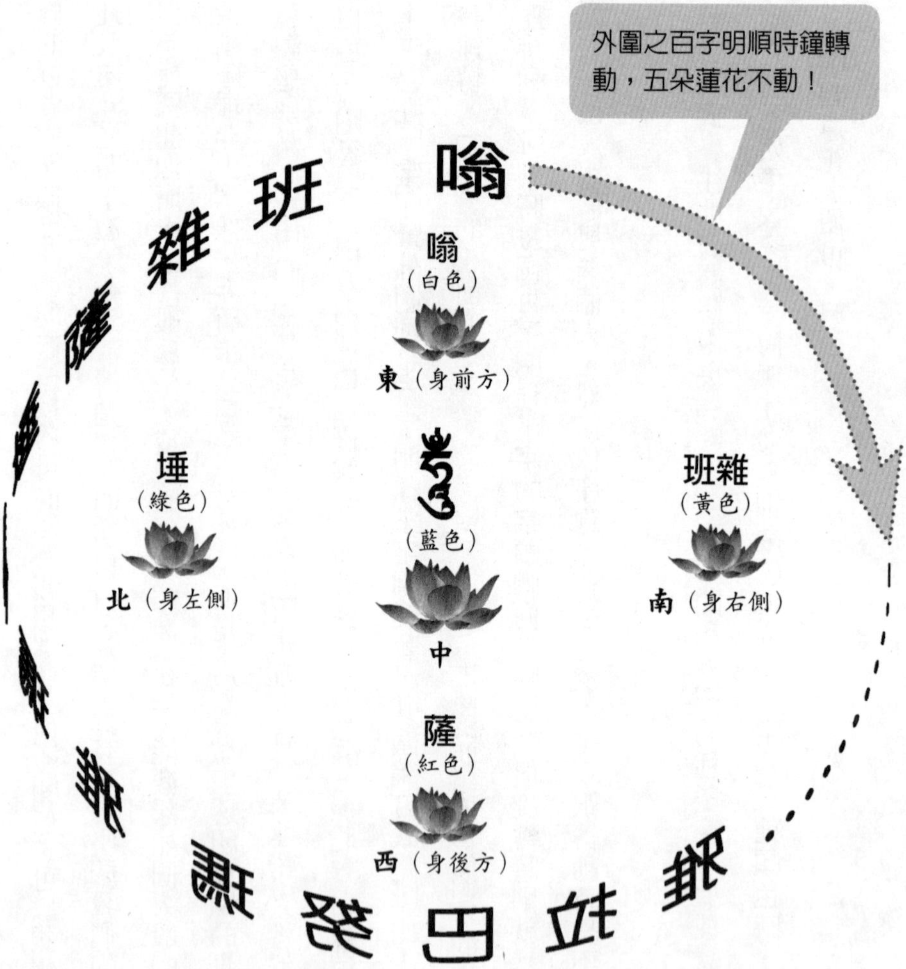
外圍之百字明順時鐘轉動，五朵蓮花不動！
嗡 班 雜
嗡
（白色）
東（身前方）
埵
（綠色）
北（身左側）
（藍色）
中
班雜
（黃色）
南（身右側）
薩
（紅色）
西（身後方）

種子字觀想若有困難，周圍的咒字可以用中文觀想，但中間的「吽」字最好是觀想藏文。關於種子字方位，有的派別其種子字是平面排法，但我們是寧瑪派的傳承，其種子字字頭的側面為正面，也就是種子字的側面和自己垂直。同時，我們永遠把正前方觀想為東方。至於種子字的排列及轉動方式，我們的傳承是觀「佛父」咒字為逆時鐘排（左排）順時鐘轉（右轉）；「佛母」則為順排（右排）逆轉（左轉）。如果我們把金剛薩埵當作本尊法的時候，本尊的禪修法本之中就會提及佛父的咒輪、佛母的咒輪分別是如何，但我們現在是修前行儀軌，不是修本尊法，因此我們只要觀想佛父就可以。

持咒之觀想次第

首先要如前所說的方式觀想金剛薩埵及種子字，然後才開始持百字明咒，持咒時同時做如下觀想：

本尊金剛薩埵佛父、佛母在我們頭頂上方（參照封面內頁之照片）。

↓

金剛薩埵心間有種子字（留意字的方向及排列方式），百字明順時鐘轉，蓮花不轉動！五朵蓮花之花瓣降下甘露，充滿金剛薩埵全身。

↓

甘露從金剛薩埵右腳姆指降下，從我們頭頂梵穴流入。

↓

我們的九孔流出灰黑水並伴隨著膿、血、不悅意物。膿與血為疾病的代表。小蟲、蜘蛛、毒蠍等不悅意物即為魔障、鬼怪邪祟。灰黑色的水即為障礙、冤親債主。

↓

所有流出之不淨物在金剛薩埵加持下變成甘露，此時大地裂開至地底九層以下，甘露變化成能滿足地底下冤親債主們的衣服、食物、財物、車子等等物品，冤親債主們歡喜納受後回到他們應去之處，我們所有的罪業都獲得了清淨。

觀想本尊之要點

以上是觀想的整體次第，現在再進一步解說細節。罪業主要分爲疾病、邪祟、業障三種。疾病的本質是因地、水、火、風失調而造成身體不適；鬼怪邪祟則是因山神、土地神等因素導致自己多災多難；業障的本質是罪業，是因三毒、五毒的煩惱習氣所造成的倒楣、逆緣、痛苦等等。而冤親債主，簡單說就是過去給過你好處、幫助過你、稱讚你等等，你應當回報人家卻沒有，所以會造成許多蓋障及不順，也容易因此而生病！由於我們累世的冤親債主已經等待許久，而我們並未去幫助及利益他們，他們就會想要報復，因爲他們認爲「你該給而未給」，所以他們才會傷害你。因此，我們一定要讓他們感到歡喜、滿意，當他們滿足了自然就會離開，也不會有傷害你的想法和行爲。

故我們持咒時要如此思惟：由於百字明咒的力量、觀想的力量及法的力量，將我們體內所排除出來的罪業都轉化成爲他們想要的、能滿足他們的物品，而這些物品像雨露般大量落下而滿足了他們；同時，也觀想冤親債主嘴巴張開、手掌向上、拿著碗從地底下方往上方看著我們，然後他們所要的東西完全盈滿他們的雙手、口、及碗中，他們心滿意足之後也非常歡喜地回到他們該去的地方。藉由這樣的誠敬觀修，就能淨化我們積欠寃親債主的業債。

會造成我們的惡緣及障礙，最主要的因素是我們的罪業及蓋障，合稱爲「罪障」，而疾病、魔難是屬於蓋障，它會讓我們產生痛苦及感受到各式各樣的不安和恐懼。因此，我們必須藉由各式各樣的方法消除罪障，特別是極爲殊勝的金剛薩埵法門。如果能好好的依止金剛薩埵法門，即使是最嚴重的五無間罪也能夠消除，這是密續所說，眞實不虛。修金剛薩埵時可以依照上面所說來觀想，過程中要以懺悔之心來持咒，眞心懺悔我們的罪業。有些罪業是今世所犯，對於記憶猶新的過失與錯誤，應當發自內心懺悔，但對於已經忘失的也應當懺悔，不能有隱匿的心態。我們犯錯之後不再隱匿的原因，就如同我們犯錯之後會向某一位適當的人認錯悔改一樣；不論是修金剛薩埵或任何的懺罪法門，都應該以發露懺悔之心，懺悔任何想得起來或想不起來的過錯，要以這樣的方式來清淨所有的罪業。

在觀想金剛薩埵的甘露流下、清淨我們的罪障時，初學者若是觀想有困難，可採取輪流觀想的方式：先觀想疾病的部份，再觀想邪祟的部份，最後觀想業障的部份，一段一段地去觀想。如果我們的修行已經達到堅固的程度，則可以同步觀想。

唸誦百字明的過程當中，須要如此思惟：背負深重罪障的人不只是自己，也包含了所有尚未成佛的眾生，他們都跟我們一樣背負著罪障，因此可以觀想甘露流進一切眾生的身口心當中，並消除一切眾生所有的罪障。當我們做如此觀想時，心要不偏離這樣的觀想內容及範圍之中。

透過觀想，讓我們的罪障、疾病、邪祟等皆得以淨除。觀想自己的身體化爲金剛薩埵的身體、聲音化爲金剛薩埵百字明、心意化爲金剛薩埵的心意本智，甚至自己的身口心三門都變成金剛薩埵的本質。我們要以這樣的觀想來唸誦百字明。

觀想時要掌握三要點：

一、**明晰：**必須要仔細地觀想，模樣要很清晰。例如：眼珠黑白分明、衣著髮飾、手中拿著哪些法器等等。

二、**堅固：**觀想自己是本尊的我慢想法要堅固。

三、**清淨：**內心一定要思惟其清淨的意義，以及其所表示的形象及涵義。例如：身體只有一個、有兩隻手拿什麼法器等等。我們要思惟：爲何是這樣的形象呢？它有什麼涵義？

百字明咒的字意及涵義

就清淨罪障的方法而言，金剛薩埵是最爲殊勝的法門，可以斬斷以前的業障、惡習、誓言衰損、以及不能消除的五無間罪等，其斬斷的力量相當強大！百字明是文武百尊的種子字，也是文武百尊的名號，他們在我們身體形成時就已安住在我們體內，有五十八飲血忿怒尊在頭頂梵穴及螺穴、四十二寂靜尊在心坎，但因爲我們不知道也不認識他們，所以他們一直未顯現出來。

由於咒語並不容易全面理解，故在此簡略說明咒語的意義，其用意是希望大家明白意思後，在觀想時可以更增強自己的信心，並且在面臨法性中陰時不會恐慌害怕，可以度過險要關卡。如果我們能好好地禪修，就會較容易瞭解其意，文武百尊也容易現前，這就是所謂的「身心密切」，之後要獲得解脫也較容易。斬斷輪迴罪業的方法，再沒有比唸誦金剛薩埵百字明的威力更強大的了，因此大家在平常有空閒時都可以經常唸誦，並非只在修金剛薩埵懺罪儀軌時才唸誦。金剛薩埵是文武百尊的種姓主尊，修行者若能以慚愧之心眞誠發露懺悔，並立下將來不再造罪之誓言，加上透過觀修金剛薩埵及持誦金剛薩埵咒語的方法，可消除五無間重罪。因此，修持金剛薩埵是十分重要的。

百字明咒咒語種子字所代表之意義及解釋

百字明咒咒語即爲文武百尊之種子字，是將內心的煩惱轉化爲文武百尊相，這一百個字代表了一百尊的稱號，其所在位置及稱號如下：

【四十二寂靜尊】：在心坎間

普賢佛父及佛母，五方佛父，五方佛母，八菩薩，八女菩薩，四門天尊，四位守門天女，以及六道能仁，共四十二尊。

【五十八忿怒尊】：在頭頂梵穴及螺穴

五方黑魯嘎，忿怒五方佛母，八菩薩忿怒尊，八女菩薩忿怒尊，忿怒馬面、豬面、獅面、狼面守門四天女，再加上二十八位自在天女，共五十八尊。

以下簡略說明百字明咒種子字所代表之本尊名號，爲了方便述說佛號，百字名咒的順序有所調整，讓大家能更明白其甚深法意。以下爲圖示藏音，單底線爲寂靜本尊，雙底線爲忿怒本尊。

嗡 班雜薩埵 —— 五方佛父
薩瑪雅 瑪努 —— 五方佛母
巴拉雅 班雜薩埵碟 —— 八菩薩
諾巴 迪差記卓美巴 —— 八女菩薩

哇 蘇多卡由 —— 四門天尊
美巴哇 阿 —— 四門天女
努拉 —— 普賢佛父母
多美巴哇 蘇波 —— 六道能仁
卡由美巴哇 薩爾 —— 忿怒五方佛父（黑魯嘎）

哇悉地美札 —— 忿怒五方佛母
雅札薩爾哇嘎瑪蘇札 —— 忿怒八菩薩
美 幾當希利仰 咕如吽 —— 忿怒八女菩薩
哈 哈 哈 哈 —— 馬、豬、獅、狼面四守門天女

霍 巴嘎問 薩哇達他嘎達 班雜瑪美木札 班雜巴哇 瑪哈 薩瑪雅 薩埵阿 —— 二十八位自在天女

我們的念頭有善念及惡念。在持誦百字明咒時，先將念頭化為天尊形像，可以觀想自己善的念化為寂靜尊，而惡的念頭化為忿怒尊，然而就勝義諦而言，這些都是自己的覺性本貌。所以我們先學習將自己的惡念轉為善念，去除所有惡念後，再繼續努力實修到連善念也完全沒有，不存有任何念頭，此時便能見到自己的覺性本貌。若在禪修時能加強自己的信心及修持動機，並且不造口業來持誦百字明咒，便能斬斷輪迴的罪業並且恢復誓言的衰損。

從咒語字意的涵義來解釋：

【嗡 班雜 薩埵 薩瑪雅 瑪努 巴拉雅】

「嗡」：所有咒語的開始，由「嗡」帶領出後續的咒語，代表十方如來之身總集、身金剛的加持，也是誓言、殊勝加持、吉祥的象徵。

「班雜」：金剛。「薩埵」：菩薩。代表善巧的慈悲，以及與大樂無二無別請賜予金剛薩埵的誓言，我會如法地遵守。

【班雜 薩埵 碟諾巴 迪差 記卓 美巴哇】

金剛薩埵請賜予我殊勝成就的加持。

【蘇多 卡由 美巴哇】

請賜予我空性的大樂。

【蘇波 卡由 美巴哇】

請大慈大悲地賜予我明空。

【阿努拉多美巴哇】

請賜予我慈悲與智慧雙運的大圓滿成就。

【薩爾哇悉地 美札雅札 薩爾哇 嘎瑪 蘇札美】

請賜予我所有事業的加持及成就。

【幾當 希利 仰 咕如 吽】

「吽」：五蘊之不淨肉體淨化後，顯現為五方佛。

願我的內心功德能增長，所有的事業都能圓滿、充滿法喜。

【哈哈哈哈 霍】

「哈哈哈哈」：圓滿「樂」、「殊勝樂」、「極樂」、及「俱勝樂」四種喜悅。

「霍」：能依所依，清淨的象徵。

願所有事業都能喜樂、圓滿。

【巴嘎問 薩哇 達他嘎達 班雜】

敦請十方諸佛菩薩給予金剛之加持。

【瑪美木札 班雜巴哇】

請不要離開我、放棄我、捨棄我。

請加持我，讓我獲得金剛之成就。

【瑪哈　薩瑪雅　薩埵　阿】

「薩埵」：菩薩、本尊。「阿」：代表十方如來之語總集的語加持。三時永不離廣大的誓言尊及本尊。

在接受十方如來之語加持後，自變現爲本尊，與本尊無二無別。

百字明爲文武百尊之長咒，可消除內外密之各種罪障，如果能每天至少唸誦二十一遍百字明咒，即使無法全部消除業障，至少能避免業障之增長。經典上說，若能唸誦十萬遍百字明咒，則五無間罪均能消除；若唸誦二十萬遍，可獲得諸佛菩薩之預言授記；若能唸誦三十萬遍，可親見金剛薩埵、諸佛菩薩，與諸佛菩薩相應。

往昔的高僧大德及成就者們，均是以標準且如法的方式來唸誦、持咒、禪定及觀想，故其持咒功德力或所顯現的瑞相及成就非常地殊勝。何謂「標準的方式」？標準的方式是以慚愧懺悔之心來修持，並立誓不再造罪；以及，圓滿前行法後，才進入專修一位本尊法；又或，專修一法圓滿後，才再修持另一法。但現今的修行者，往往在前行法尚未圓滿前就急著修持大圓滿的正行，又或在修一法門尚未圓滿時就又去修另一個法門。於此情況之下，想要獲得加持或瑞相就更加困難了。此外，咒語字的發音正確與否，其效果有千倍之差別；持咒時能否進入禪定，則有十萬倍之差別。

當我們在修加行時，有外、內、密之次第。外，靠九節佛風來調氣；內，靠母音咒、子音咒、緣起咒之語加持；密，則是不論在修持任何儀軌時，都要時時刻刻專注，維持正知正念且不放逸。然而，我們凡夫因為無法將心調伏好，譬如我們雖然持了一小時的金剛薩埵百字明咒，但這段時間裡內心能夠真正專注觀想及懺悔的時間，可能沒幾分鐘，我們的心大多時候是呈現散亂、思緒紛飛的狀態；再加上我們不具有真正究竟的廣大利他之想法及發心，因此，即使持誦數十萬遍，甚至數億遍之金剛薩埵百字明咒，想要瑞相顯現或親見本尊，仍是十分困難。

百字明咒唸誦的次數，可視自己的時間而定，可唸誦二百或三百次，一般修行者至少都是以一百次起跳。但對初學者來說，持誦一百零八次以上可能會覺得頗為吃力，所以大家可依自己的方便儘量唸誦，但至少唸二十一遍是必需的。正確且如法的唸誦必需遵守下列要求：不能講話、不可以接手機、不打噴嚏、咳嗽中斷不行，口渴喝水也不行！持咒時要謹慎，雖然辛苦，但我們若是可以正確如法唸誦，加持會迅速進入我們身口心當中，成就也能迅速；正確來說，不是拼命地趕次數，而是在過程要正確如法地唸誦。修持的時候，要特別謹慎注意自己的心態。

一般而言，不丹或西藏對於修持都抱持著萬分恭敬的態度，因爲修持是很正式的事，所以在修持的時候，就應該以修持爲主，不容許其他的事情插入或者中斷，我們修持百字明的態度應當如是！我們可以設定基數，譬如唸誦一百零八遍，但在持咒過程中若遇到不得不說話的時候，就先唸誦到一個段落，譬如念到五十遍就先迴向，不可尚未迴向就開口說話，這樣才算是如法。傳法者已如實地傳授修持的法門，至於能不能達成實修，就要看各位自己了，修行是沒有辦法由傳法者強迫達成的。各位身處台灣，有時可能因爲工作等原因，譬如有些電話不得不接，因爲漏接電話可能會造成工作及生意上的損失；又或者臨時有緊急事件必需處理，不得不開口說話等等。所以持咒時若不得不中斷的時候，記得要先唸迴向文，之後再開口說話。

求懺頌文

在持誦完百字明咒後，我們要祈請金剛薩埵加持，其頌文爲：「**怙主我因無知所矇蔽，違越退失諸誓言，上師怙主請救護，主尊金薩持金剛，本來即具大悲者，衆生怙主我皈依，一切身語意、根本及支分誓言之退失皆發露懺悔，請令我一切惡業垢障以及罪墮污染皆淨化清淨。**」

此頌文的意思是：祈請怙主金剛薩埵，因爲我以前對自己的覺心本貌無知，所以造了很多罪業，請怙主大悲救渡我，讓一切的惡業、罪障等污垢，全部都清淨去除，請您加持、請您加持！以上這段頌文一定要發自內心祈求！如果我們很誠懇地唸誦百字明，怙主一定會歡喜地加持我們。

金剛薩埵百字明的重要性，大家應該都已有些瞭解了。我們再打個比方：好比一台性能優越的機器，能做出很精緻、高品質的產品，而金剛薩埵百字明就如同這機器，我們得到之後是否能好好地發揮效果，就要靠我們自己的努力；如果我們善用它，就會發揮很強大的威力。所以第一步是要瞭解它的重要性，之後就應該要好好地實際去禪修，下定決心在一年內將金剛薩埵百字明做完十萬次，才能發揮最大的效益！當然，十萬遍做完後不可以就此擱下，只要輪迴之業尚未斬斷前，都要一直持誦！

持金剛薩埵心咒「嗡班雜薩埵　吽」之觀想

求懺頌文唸完後，內心需如是思惟：觀想金剛薩埵對著我說：「**善男子！汝一切惡業、蓋障、罪墮皆已清淨！如上答應後化爲光融入自己，以此緣故令自己轉化爲金剛薩埵佛父佛母，顯空如鏡中影般，心間吽字周圍明觀四種字放射光芒，使三界器情皆轉化，成爲五姓金薩之所依能依之自性而成佛。**」

這一段的意思是：金剛薩埵父母尊融化成爲光，從我們頂門融入我自己身口心當中，我自己變成金剛薩埵父母尊。同樣的，自己身口心轉化形成的金剛薩埵父母尊，雖然如是顯現卻非實有，如同鏡子裡面的影像。並觀想自己心間有蓮花，花上有月輪，月輪中央上方有藍色「吽」字，周圍有「嗡　班雜薩埵」。之後，觀心間的「吽」字跟周圍的咒字放射出無量光芒照射四方，把世界變成淨土，接著再照射一切有情眾生，清淨一切眾生的罪業，一切眾生因罪業清淨之故，所有痛苦消除、罪障清淨，然後轉化成爲佛部、金剛部、寶生部、蓮華部、事業部之五部金剛薩埵，一切我們所聽到的聲音都是百字明咒，一切內心的思惟都是金剛薩埵內心的本智，身口心三門全都是金剛薩埵的示現，所有一切都變成了金剛薩埵的淨土。我們要安住在這樣的情境下來唸誦金剛薩埵心咒。

唸誦「嗡　班雜　薩埵　吽」的時候，重點是觀想所有的現象就是金剛薩埵「身」之本質，一切聲音都是金剛薩埵「語」之本質，一切念頭及想法都是金剛薩埵「意」之本質；我們要安住在這樣的狀態中大量唸誦「嗡　班雜　薩埵　吽」心咒，至少一百零八次。

在此，更進一步解說兩種心咒的不同處。「**嗡　班雜薩埵　吽**」此心咒唸法爲寧瑪派之持誦及觀想，爲百字名咒的短咒加上金剛薩埵的種子字「吽」字。

而「**嗡　班雜薩埵　阿**」爲文武百尊種子字的濃縮短咒。

當持誦咒語圓滿後則如是觀想：情器世間全部化爲光融入金剛薩埵⬇金剛薩埵再化爲光融入心坎中的百字明咒輪，百字明化成光融入「埵」⬇融入「薩」⬇融入「班雜」⬇融入「嗡」⬇融入中間的種子字「吽」。最後「吽」由下往上方融入，然後融入虛空之中。此時，安住在虛空、無所緣取之中片刻，時間儘量持續，一分鐘或兩分鐘、甚至一秒鐘也好，直到念頭出現；當妄念產生時立刻觀想自己爲金剛薩埵，接著念迴向文。大家不管多忙碌，一定要做迴向！在出定下座後請持續思惟並了知：一切現像皆是如夢幻泡影。

重要叮囑

百字明的重要性現在大家都已瞭解，但瞭解後卻不去做，是不會有功效的，所以我們瞭解之後應該要努力實際禪修。身爲說法者，也透過翻譯完成了如此長時間的傳法內容，其目的就是爲了讓各位實修。希望各位聽聞開示之後，不要只是知其法或將其擱置，應當想辦法開始實際地修持。大家可以接觸到多傑林巴教法，這是因爲我們往昔曾有殊勝的善緣，故希望教法內容能對大家有幫助！

上師講解教法之餘，也要知道這是彼此依賴而成的善緣。弟子因上師而能聽聞教法，另一方面，萬法皆因緣而起，並非只有上師是重要的，弟子也一樣重要，大家都要珍惜這樣的善緣。一切無常，未來會如何大家都不知道，所以能有機會聽聞善法，就應該要好好把握並努力去做！

學習教法的時候，如果一開始把上師看得像天神一樣，但後來逐漸覺得上師看起來不過是個凡人，到最後則把上師看得像是鬼怪，這樣就是一個很不好的緣起；反之，如果一開始覺得上師看起來像是鬼怪，後來看起來像是凡人，最後看起來則像是天神，這種情形表示你應是有努力地禪修，是逐漸走入正道之中的徵兆。如果我們大家一起好好地努力實修，那麼壞的習慣和習氣就可以逐步獲得改善，這是一個好的現象。但若一開始聽聞教法時，自己抱持著一種馬馬虎虎的心態，並未看出缺點，只是覺得加持力很大、上師很好、威力很強大，那麼修到後面就很容易改變心意；如果一開始覺得還好，但自己很盡心盡力地實修，就會產生很好的效果，也會對上師產生很大的信心！我雖然不是很厲害、或年長或是很有證悟的上師，但也絕不是很馬虎隨便的上師！傳給大家的法，都是我本身接受灌頂傳承、指導及口傳，實地閉關禪修之後，才教導給大家。所有的法，都是要依傳承如法地依次第實修，我無法傳授你一種能夠不用實修就能立刻證悟、解脫的法，但如果大家能好好修習我現在所傳授的法，那麼在因果之下，一定獲得很大的傳承力量，將來獲得解脫是毫無疑問的！

有時候我們內心會有個期望，譬如想要遇到什麼法、什麼樣的上師等，但其實你很有可能一輩子都遇不到。所以，最好的機會就是把握出現在你眼前的機會，好好修好前行法，那麼法的威力一定會發揮出來。當然，無論各位是否實修，我都非常樂意為各位說法，因為對我來說，這也是一種善業及功德，但是這樣就利益及意義來看，並不廣大與究竟，所以還是希望各位都能實修完成。由於世間無常，聽聞講解以後，若有什麼問題都可以請教相關傳承的上師；得到口傳之後，若有不懂的也是可以繼續進行唸誦修持，然後找機會就不明白處來提問請法。希望各位獲得口傳後，都能真正去實修。

萬事起頭難，希望各位聽聞之後好好思惟其中法義，盡快實修，最好是今天聽聞、明天就開始修持！我們所學的加行唸誦並不繁複，極為精簡，尤其前面的皈依發心並不困難，因此隨時都可以開始修持，否則，若要等到一切都無疑問時再修持，恐怕不知道要到什麼時候才會開始。人生苦短，一個人離開世間的時候，唯一對自己有幫助的，就是曾經做過的善事、善法及修行。

無論活著的時候擁有多少的金錢、房產，擁有多高的地位，死亡的時候什麼都帶不走，唯一對你有用處的就是生前學佛修行，這是唯一可以帶走，並且絕對有幫助、絕對派得上用場的一件事。學佛修行的精華就是「前行」的修持，希望各位把握時機；這樣的修行不會很艱難，我們除了上課，也有法友可以詢問，實修的時候必然會產生問題，那時再來請問也可以。最主要的是，把握開始修持的原則重點，至於細節的部份，可以再慢慢請法調整。

各位是在五濁惡世學佛修行之人，這是非常難得的事，希望各位在自己的動機及心態、行爲上要更加地謹慎注意，要跟世俗之人有所不同，要比他們更加優良殊勝，成爲人中的典範。現在世間有許多學佛的人，也有許多人自稱學佛，姑且不談到底有多少人已經掌握修行的要點而進入眞正的修行，有些人的心態委實讓人不敢恭維，甚至成爲社會大眾無法接受且厭惡的對象，我們要注意這一點。我們應讓自己的行爲、心態比一般人更優良更謙卑，這才是學佛修行的行者。

學佛修行的行者最好是在深山野嶺獨自修持，若不是爲了傳法及利益大眾，事實上不太適合來到城市人群當中。既然末法時代已是如此，希望各位能夠讓自己的動機、行爲成爲眾生的表率，對於上師、法友都能虔誠對待，師兄弟之間不要只是嘴巴上好來好去，應當儘量把對方當做恭敬的對象，如同對待自己的家人一樣。在道場上發揮自己的優點、善待別人及法友、尊敬上師，這是最重要的事！如果只是嘴巴上面說說，內心沒辦法生起淨顯，這樣就太可惜了。無論有什麼無常發生，都不可以忘記或放棄佛法，不論發生什麼事情，都應該要將佛法擺在第一位！希望大家要對佛法抱持著需求及渴望，努力去做禪修，這是我對大家的期望。

7

累積福德資糧

獻曼達

在聽聞教法前，內心要先如是思惟：為了利益盡虛空遍法界的一切如母有情眾，我以心意廣大的菩提心動機、方便廣大密咒持明動機，以這兩個清淨的動機來聽聞教法。就「心意廣大菩提心動機」而言，內容有很多，相信大家已熟悉也皆有所瞭解；其次，就「方便廣大密咒持明動機」而言，主要是指內心要思惟「五種美滿」，亦即「處所美滿」、「導師美滿」、「教法美滿」、「眷屬美滿」、以及「時間美滿」。

一、處所美滿

聞法的處所不要把它看成只是土木石頭做成的房子，而是一個清淨的處所、淨土，譬如一座密嚴國土的宮殿。如是思惟則是處所美滿。

二、導師美滿

安住在這處所裡的教法開示者、種姓之主上師，雖具凡夫之形貌但並非凡夫，確確實實是雙運金剛持之法身普賢如來。

三、教法美滿

導師所開示的教法，若就經教乘門而言，證悟是一條遙遠的道路，要經過無數劫的時間累積福德資糧及消除罪障才能到達，這是「不了義的教法」。然而現在我們所開示的教法並不需要經過這條長遠的道路，這是「了義的教法」，如果你能力夠而且能確實做到，那麼此生也能成就佛果。

四、眷屬美滿

求法者自己或聞法的師兄弟也並非凡夫，只是因爲內心具有「我愛執」、「所取能執」的內心，所以外表是男女凡夫的形象。然而現在成爲聽法者之後，男性都成爲勇士，女性則都成爲女勇士、女菩薩、持明成就士，均非凡夫了。

五、時間美滿

指恆長持續的時間之輪，也就是「教法」不會時有時無，它會永恆存在且不會改變。

聽法時，如果我們內心能如是思惟這五種美滿的話，將能斷掉凡庸所顯的持續之流及耽著之流。這在方便法門之中至爲殊勝，因此我們稱之爲「方便廣大密咒乘門動機」。

總體上就法而言，雖然前行法是屬於大圓滿法道路的支分，但其實已把九乘教法從「原因經教乘門」到「果密咒金剛乘門」的關鍵要點完整無誤地含括在內。例如，就**皈依**、**發心**而言，它包括了「原因經教乘門」裡「小乘」的聲聞獨覺及「大乘」的菩薩道；也就是在皈依的時候，已把「小乘」的聲聞獨覺道次第實修方式歸納在內；在發菩提心的時候，已把「大乘」的菩薩道次第實修之路也歸納在內了。而在**金剛薩埵百字明**的部份，則是共通的道次第要點，也就是「金剛密咒乘門」中取捨的關鍵要點、誓言的守護、生起次第等等，這些也都已包括在內。

獻曼達也是共通乘門，它是共通乘門的基礎，是累積資糧、消除罪障的特別方法。而**上師相應法**，則是「道」的究竟之處；所謂的「道」指的是九乘次第的道路，道的究竟之處就是阿底瑜伽。而阿底瑜伽的見地觀修及行持已完整無遺漏地包含在上師相應法裡！就前行法而言，從轉心四法開始，進入皈依、發菩提心、金剛薩埵百字明、獻曼達、上師相應法，總計需修滿五十萬遍。

有些人認爲前行法不是正行的實修，所以沒有那麼重要，正行實修才較重要。這種想法是大錯特錯的！因爲「前行法」已如前所解釋，實際上已將完整道次第的關鍵全歸納在裡面了，就歸納關鍵而言，它甚至比正行法還深奧！所以也有這麼一說：「前行較正行爲深，至盼勤勉於前行實修！」。由於前行法是如此重要，因此好好深入實修非常有必要！一個人即使一輩子只修前行法也可以，由此可知前行法的重要性！

我們累世累積了許多業障，而我們的時間又非常有限，想要消除業障並去除我們心續上的障礙，最有效的方式就是修持前行法。若這些沒有消除掉，想覺悟空性將會十分困難；若沒有圓滿五加行的大圓滿前行法，想要覺悟大圓滿、體會大圓滿的戒律或者是智慧，亦是十分困難。有些人可能因爲過去修積了許多福德，俱足上等根器，不一定要透過這樣的累積資糧或消除業障的法門，也可以證悟；但是，大部份的人並不俱足這樣的條件，都必須透過累積資糧及消除業障來逐步修行。故而若想修正行的法，就必須要先圓滿前行五十萬遍，才能夠體會或覺悟大圓滿法。

是故，前行法眞正的意義超越了正行法，經典上也說，沒有前行就不會有所謂的正行。要證得佛果就是靠累積資糧跟消除業障，而前行法中的「金剛薩埵」是懺悔，我們透過懺悔來淨化所積累障礙；「獻曼達」則是累積資糧、種福田，讓我們的根器成熟才能修正行，修正行時也才容易證悟，當我們尚未證得初地菩薩之前，這兩者皆至爲重要，猶如鳥的一對翅膀，也像車子的輪胎，都是缺一不可，是同等重要。修任何正行的法門，都必需靠消除業障及累積資糧的兩個法門同時並行，這是福德資糧跟智慧資糧。我們要藉由福德資糧來圓滿來世色身的果位，藉由智慧資糧來圓滿來世證得法身的果位，所以對於修行者而言，獻曼達是極爲重要的法門。

獻曼達之重要性

世間之事能否順利要靠福德資糧，若是過去沒有累積福德資糧，商人生意要順利、農民耕作想要豐收，都會非常困難。倘若過去有做佈施、供養、行善等等善業而累積廣大的資糧，那麼做任何事情都會容易而且平順。一個人現在即便非常富有，倘若沒有足夠的福德資糧，就容易碰到各種狀況而使財務受損，或許也會瞬間散盡家財、一貧如洗。不但世間之事要圓滿得靠資糧，我們若想證得佛果，更需要靠福德資糧及智慧資糧；累積資糧有各式各樣的方法，其中一種就是「曼達」的供養，在波羅蜜的法門或密宗的法門，其共同的累積資糧方式是七支供養，但我們在此介紹的是屬於獻曼達的累積資糧方式。

獻曼達其必要性是為了要累積資糧。而累積資糧在修行上的重要性是，當我們在進入上師相應法階段時，上師會直指勝義諦菩提心或覺性本貌；然而，若弟子本身並未消除業障、累積資糧，那麼即便上師直指心性本貌，弟子也難以契入、無法理解。因此在修上師相應法之前，必須先去除我們內心的罪業與蓋障，還要圓滿兩種資糧。去除罪障的方式在密咒乘門裡就是用百字明，再也沒有比用金剛薩埵百字明更加殊勝的了。藉由觀想金剛薩埵及唸誦百字明來消除淨化我們無始以來外內密的惡業、罪障、蓋障、習氣等；但是，到此階段仍欠缺一項，就是在前面特別提到的圓滿兩種資糧！當上師在直指心性本貌時，那就是覺性力道的灌頂，我們需透過覺性力道的灌頂來成辦法身及報身；利益自己就是法身，利益眾生是報身，而成辦法身及報身就是要靠福德資糧及智慧資糧。假設這兩種資糧沒有圓滿，即便你消除了罪障，還是無法成就二身。

供養可以對治我們的貪婪、吝嗇，避免我們墮入餓鬼道。透過曼達供養可圓滿世俗諦的「有緣取的福德資糧」，可圓滿我們的色身。勝義諦的「無緣取智慧資糧」，可圓滿成就我們的法身。如果我們沒有俱足這二種資糧，即使我們持戒嚴謹、清淨，也不一定能證得解脫、明心見性，因爲這二種資糧是明心見性之因。

獻曼達因不同的傳承及教派，而有不同的儀軌及供養方式。三十七堆供曼達是從薩迦派的傳授而來，是四大派所共同實修的獻曼達。獻供時有分「實際的供養」跟「變化的供養」。「實際的供養」指曼達盤上面的供品，如：珍珠、寶石等，如果沒有能力，也可以供五穀類，如果修行者非常貧乏且生活困苦，甚至可以用砂子、石頭當作供品來供養；因爲，清不清淨最主要不是在於供品，而是在於動機，若心清淨，任何物質都可以被拿來供養，譬如往昔有些上師在朝聖的路上休息時，都會用沙子、石頭來做供養。但若是有能力、有財富卻捨不得供養，反而會滋長貪婪之惡習氣，會讓我們墮入餓鬼道，所以有能力就應該盡力去供養。「變化的供養」則是在心裡觀想珍貴珠寶來做供養。獻曼達是累積資糧的一種善巧法門，我們要以清淨的心並用清淨的物品來供養，這是十分重要的。若是用詐騙、搶盜等方式所獲取的財富來做供養，都是不清淨的供養；譬如出家人向功德主用欺騙的方式取得的財物，都屬於不清淨之物，不能拿來供養三寶。

我們要盡力做清淨的供養，主要是爲了累積自己的資糧、消除自己的業障，不管是聽聞佛法或是觀修一切法門，都應該要隨力所及。陳列若干供品做爲供養，這是十分的重要，因爲有豐富圓滿的供養，在修一些法門時較能夠圓滿，也可得到殊勝共同的加持；假如我們在修法當中沾染了貪戀或缺少供養，緣起因素較差，修法就可能不容易成就，法也不容易圓滿，不容易見到本尊。因此供養儘量要圓滿，若因緣沒有俱足會影響到修行。

西藏有一位上師叫秋地邦嘎拉，印度的行者們祈請他來傳法，秋地邦嘎拉看到壇城沒有安排任何的供養供品，因此他不願意做傳授，印度的行者們祈請了三次，他仍然不願意，一直到壇城設立並且陳列了供品，他才做了一些傳授。這並非秋地邦嘎拉有分別心或貪著心，而是因為供養是一種發心，如此才可以得到廣大的加持，對於顯現正面的利益及緣起至關緊要。當我們做供養時，不但要以清淨的方式供養，而且動機要廣大。很多人做供養時只想到自己的名聲、事業、幸福快樂等，這是屬於比較狹窄自私的動機；修行者應該要心胸廣大，願眾生能離苦得樂，這樣才會有無量的功德。

供品注意事項

供養是用來對治慳吝之心，就獻供養的善根福德而言，會依其動機及對供養物之貪著、執著、慳吝程度，以及供養物品的清淨程度而有所不同。自己越是貪戀、執著的物品，若能把它拿來做供養，所得的善根福德就會愈加地廣大！福德之差別端視執著力量之強弱而定，一般約略分為百倍、千倍、十萬倍等等。若供養物是自己花費力氣所獲得的錢財物品，如：金、銀、衣物、食物、牲畜等等，將有百倍之福德；

若是對於供養物仍有某種程度的愛戀與執著，如：子女、妻子等，這有千倍之福德；若是對於供養物尚有強烈之執著，如：自己的身體、性命等，這就有十萬倍之福德了。

關於供養時實際擺設的供品，則需符合三個基本條件：供品要清淨、品質要上等、擺設要莊嚴。

一、供品要清淨

分為材質與原因兩項來說明。材質部份，如金、玉、銀等等，這些都是上等的供品，能用這些是最好的，但僅具有「材質好」這項條件還不夠，還要考慮到「原因」。也就是：這供品是如何得到的？它必需是使用正當的方式及原因取得才可以。就一般世俗人來說，倘若是用不正當的方式去得到的，譬如：偷、搶、騙，那麼就算是金、玉、銀、珊瑚等，都算是不好的供品，因爲它們都是邪惡的因；倘若出家僧眾也是用如上方式去取得這些供品，那就稱爲五種邪命了，這類物品都不能拿來當作供品。舉例來說：功德主已供養金銀給師父了，而師父心裡卻還期望他能再做相同的供養，因此就再跟這功德主說：「你上次供養的金銀非常好、非常有用耶！」功德主聽了之後很高興，就再做如此這般的供養。用這樣的方式得到的物品，即稱之爲邪命，出家僧眾一不謹慎，常會有這種危險發生，要非常小心注意。所以「材質」跟「原因」兩項，皆需符合清淨的條件。

二、品質要上等

在自己的能力範圍內，用品質最上等的供品來做供養。不能把美好的東西留給自己享用，然後將自己不喜歡的、有瑕疵的、或不能使用的東西拿來供養三寶！

三、擺設要莊嚴

在實際擺設各種供品時，都要擺設得美麗、好看、莊嚴，不論供品多寡都要如是擺設，這是很重要的。舉供水爲例，不論用幾個水杯，水都要倒九分滿，不能過滿溢出，也不要只倒一點點水，使整個水杯看起來空空的。水杯之間距約一粒米寬，距離不要太靠近也不要太遠，要很平均，並且要擺設得很莊嚴，不論誰看到這些供品都會歡喜讚嘆，要能產生這種特色及效果，如此便符合擺設美麗及莊嚴的條件。當然這只是舉供水來當例子，所有供品的擺設，都要如上所述，擺設後要讓人看了很歡喜。即便平常修法時可能沒有擺設各種供品而只有供水，也是要如前所述地擺設好，千萬不要因爲趕時間而隨便馬虎，這是有過失的。

總而言之，供養品要視自己的財富能力來準備。我們在正式獻曼達前要先把所有東西準備好，如曼達盤、堆聚物等，這些都準備好之後才開始來做正行的曼達獻供實修。曼達的正行實修，一般流傳最廣的就是三十七堆供，也就是在曼達盤擺設三十七堆。此三十七堆供的創始者是薩迦派的八思巴，當初在薩迦派中流傳，是薩迦派不共之特色，但因其利益非常大，對實修者幫助也很大，所以後來不論是那一派，大家都非常重視使用三十七堆供。

獻曼達之類別

曼達的梵文爲曼陀羅，是壇城的意思。獻曼達有兩種方式，一種是「觀想曼達」，另一種是「供養曼達」。

一、觀想曼達

這是我們修法的依靠處，將曼達盤用七珍八寶鋪滿，如綠松石、珊瑚等，將曼達盤層層堆疊上，然後觀想為五堆便可。因為，這畢竟只是一種物質的曼達盤，所以只要把它擺滿、擺好，擺設很豐盛即可，而不是非要堆成五堆；不過在觀想時，還是要把這五堆觀想成五方佛或資糧田的壇城聖眾。曼達盤疊好後供奉在壇城上，就不再去動它。

二、供養曼達

無財富者可獻「孤薩黎曼達」，也就是我們之前說過的「施身法」，又稱為「斬斷法」的方式。「孤薩黎」是乞丐的意思，是指行走各處、身無分文者或修持淨戒行持者；有財富者則獻「三身曼達」，亦即法身曼達、報身曼達、化身曼達。前行法中是用此來累積十萬遍的獻曼達，因此需要另外專門準備一個獻供用的曼達盤，做為持誦及擺設堆聚實修之用。若沒有堆聚，也可以用打手印的方式來供養。當我們在領受灌頂或聽法時，都要先用手印觀想的方式做供養。身爲修行者，需瞭解手印姿勢這是極爲重要而且必要的。

曼達盤之觀想

關於獻曼達，以前可能眞的有人能累積十萬遍的三十七堆供，但現在對我們而言頗爲困難。因此，我們現在的十萬遍計次是以四句頌文的「三身曼達」來計算。

首先要做的供養是四派共用的三十七堆供，除了三十七堆的供曼達，也有七堆及五堆，其堆法如下圖。

《七堆曼達》：①中央、②東、③南、④西、⑤北、⑥日、⑦月。

《五堆曼達》：①中央、②東、③南、④西、⑤北。

三十七堆位置請依據實修法本之圖示，方位的定位基準點，是以曼達盤上的法輪爲東方定位標。方位的標定會因所做的修持供養而不

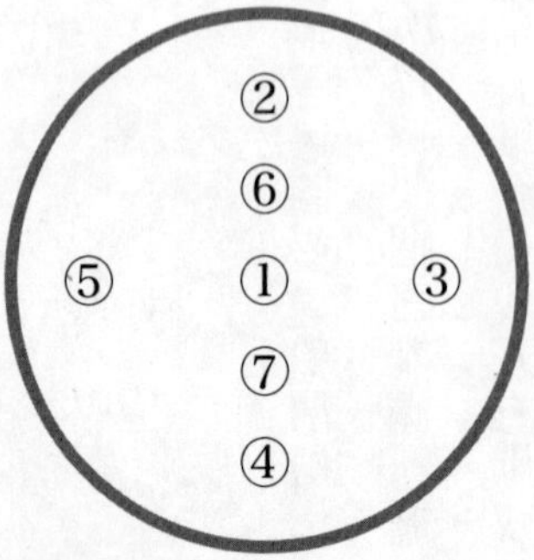

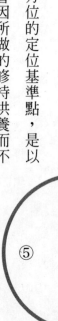

同，當獻供給諸佛菩薩、上師、本尊等時，東方是壇城那邊為東方。而當實修者觀想自己為本尊而獻供時，法輪靠近自己為東方。現在大家是初學者，所以東方為壇城諸佛菩薩處。

若是採五堆曼達，也就是在曼達盤上堆五堆，代表五壇城。此五堆之觀想方式有兩種：

【方式一】

觀想為五方佛與五部的本尊，這也包含了上師、本尊、空行、護法等，祂們層層疊疊、無窮無盡，在我們的前方空中，都是我供養的對象。這五部分別是：

- 中央—佛　部：大日如來佛，被佛部的本尊天眾圍繞。
- 東方—金剛部：不動佛或金剛薩埵，被不動部的本尊天眾圍繞。
- 南方—寶生部：寶生佛，被寶生部的本尊天眾圍繞。
- 西方—蓮花部：無量光佛，也可稱為阿彌陀佛，被蓮花部的本尊天眾圍繞。
- 北方—事業部：不空成就佛，被事業部的本尊天眾圍繞。

【方式二】

在修前行法時，供養的對境可以觀想為皈依境裡的壇城聖眾。

- 中央－多傑林巴尊者，其內心是上師，四周有歷代傳承上師們圍繞。
- 東方－釋迦牟尼佛，四周有諸佛圍繞。
- 南方－大乘八大菩薩，四周有諸菩薩圍繞。
- 西方－無量無數的三藏十二部經典層層堆疊。
- 北方－聲聞獨覺的阿羅漢。

觀想曼達時，不論是要觀想成五方佛或者是資糧田均可，看自己實修的傳承儀軌。若是簡單觀想上師是三寶的總集也可以。如是觀想後，便可開始做曼達的供養。

獻曼達前置準備之注意事項

一、曼達盤

獻供時是左手拿曼達盤，且不能空手拿，若有花就拿花，若有米就拿米，或有珠寶就拿珠寶，將其握在手掌心上。接著，唸珠掛置於左手食指上，然後用中指、無名指及小指扣住曼達盤，將曼達盤握好。唸珠是要用來計次用，每次曼達盤倒向自己時撥一顆珠，若覺得操作有困難，可改用計數器。

二、寶瓶及孔雀毛

若沒有寶瓶，可用全新的杯子及一支小湯匙來替代，寶瓶或杯內放一些甘露丸及紅花水，要用來灑淨曼達盤，這是淨化、灑淨的象徵。寶瓶的壺嘴要朝向自己。

三、容器及墊布

容器用來盛接曼達盤獻供的供品（米、珠寶等），最好有塊墊布置於容器下，以避免操作時供品不小心灑出容器，散落滿地。

獻供養次第

一、觀想

依照經典，要觀想曼達盤是蓮花法座，上有三千大千世界。或是將曼達盤觀想是由宇宙珍寶或是黃金所形成的金剛地基，內有如意樹、八供水，宇宙裡面的眾生，男的都是勇士，女的都是空行母；假若沒有辦法觀想得這麼清楚，可簡單觀想整個宇宙。這曼達盤也是我們心續的象徵，其內在的意義是代表我們自己內心的基礎，也就是阿賴耶識，亦即內心本貌。

二、持百字明咒

左手握好曼達盤後，需先持誦三次百字明咒，內心觀想著用廣大的菩提心來淨化我們染濁的心續。雖然之前修金剛薩埵百字明時，就已經把罪業消除掉大部份，但在這裡，仍須把尚未消除掉的一些細微罪業消除掉。灑甘露、擦曼達盤的動作，其意義是曼達盤即代表自己的本性；我們的本性已被染濁、被無明所覆蓋，灑甘露水象徵著我們的煩惱被清淨了。

此外，我們的內心也如同是乾旱已久的枯竭大地，灑甘露水就是象徵久旱逢甘露，大地獲得潤澤而變柔軟。大地（內心）柔軟後再去實修，其內心證悟的地道功德自然能夠產生，能有二聖的果位或法報化三身的果位。也就是說，乾旱的土地獲得潤澤變柔軟後，灑下的種子才能發芽、生根、茁壯；但若想要豐收，仍需要有很多的條件齊備，如：太陽、肥料等等。換言之，我們還需要有很多的福德資糧來做準備，而福德資糧要完備，就需藉由獻曼達來完成。

三、獻三十七堆供

在灑甘露水於曼達盤後，右手的大拇指及無名指拿幾粒米，然後開始唸誦「**嗡　班雜布米　阿　吽　地基清淨威嚴金地基**」，唸的同時，用手掌的手腕處擦拭曼達盤，順時鐘擦三次、逆時鐘擦三次，是邊擦拭邊唸頌文。順時鐘擦曼達盤，代表將不清淨的染濁及障礙全清除掉，逆時鐘則代表獲得上師、本尊、空行母的加持。因爲我們的阿賴耶識被業力及煩惱的污垢給遮蓋住了，所以看不到內心本貌。這就好比鏡子上有油污，當我們去照鏡子時，就看不到或看不清楚自己的臉；若我們能把鏡子上的污垢擦拭乾淨，就能看得清楚了。同理，如果我們把阿賴耶識上的業力跟煩惱擦拭掉，自然就能看到內心本貌，所以我們在擦拭曼達盤時，要做如是觀想。之後唸誦「**嗡　班雜　惹喀　阿　吽**」，同時放一小撮米在中央，觀想手中的米代表花，灑淨並加持了這座金剛地基。

接著，唸誦「**四周環繞鐵圍山**」，同時將米右繞一圈於曼達盤邊緣，這代表鐵圍山環繞。

唸誦「**中間須彌山王**」時，則在中間擺一堆，代表須彌山。接著唸「**東勝身洲，南贍部洲，西牛貨洲，北俱盧洲，身洲及勝身洲，拂洲及別拂洲，小行洲及勝道行洲，俱盧並及有勝邊洲，珍寶山，如意樹，滿願牛，自生稻，輪寶，如意寶，皇后寶，賢臣寶，象寶，馬寶，將軍寶，大寶藏瓶，嬉女，鬘女，歌女，舞女，花女，燃香女，燈女，塗香女，日，月，妙寶傘，威攝十方尊勝幢**」時，開始順時針依序獻三十七供，其位置請參照傳承前行法法本的圖示位置來進行供養。當唸到「**中間集齊人天吉祥珠寶圓滿無餘，莊嚴羅列無量無邊塵數海，上師、本尊、諸佛、菩薩、勇父、空行、護法、守者眾，獻此供養**」在這段時，則重複在中間一直堆供，直到唸誦「**獻此供養**」時，灑一些米在空中做供養。之後誦「**惘念眾生祈納受，受已祈請賜加持**」，此時要把曼達盤上的供米朝自己的方向倒，象徵納受加持，這是善的緣起，千萬不要往其它方向倒，否則加持力量會消散，成了壞的緣起，這點很重要！倘若獻供時不是用曼達盤而是以手印做供養，則是在唸到「**獻此供養**」時，將放在右手中的米灑向上方以做供養。

假若你的堆聚是用米，但考量到種種不方便、或者是地方風俗習慣、或者要室內打掃有困難等原因，那麼不灑米供養是沒關係的，主要在於內心的觀想，我們內心要有很誠懇、很虔誠、很恭敬地獻供養的心！一般若是禪修士在深山裡做禪修時，通常是在修完後將整盤都灑向空中，因為在深山野嶺不必顧慮那麼多；但現在我們多在室內進行，有時會擔心把地方弄髒、不易打掃，因此可以不灑。這些都可因地制宜，不必考慮太多。至於是否要每天換米亦可依個人方便，能天天換是最好，若不行的話，就每個禮拜補一些新的米進去，並觀想它是新的就可以了。

四、供養化身

這一段為「化身曼達」，是觀想供養化身的淨土，一樣要先灑甘露於曼達盤上，順時鐘擦三次、逆時鐘擦三次，此處也可各擦一次。擦拭後放一小撮米在中央，接著開始唸誦「**耶瑪化身刹土百數千萬中，外內器情鐵圍所環繞，日月妙欲身體受用聚，供養上師化身請享用，證悟赤裸覺性祈加持**」，此處是邊唸頌文邊堆七堆，可重覆供養三遍，若真沒時間就做一遍。唸誦完畢，也是將曼達盤上的供養物向自己的方向傾倒。不論是五堆或七堆，當我們在獻供時，都要觀想成前面所唸的是全部三十七堆的供養。

此段頌文的意思是，前面在三十七堆供裡所談到的三千大千世界，中間須彌山、四大部洲及八小部洲、八寶、八天女、日月等等，都是化身的剎土裡所擁有的東西，有百數萬億之多。這些以及五妙欲、身體財物受用等，都是被鐵圍山所圍繞著的。我們把這些都拿來供養化身的上師，請上師享用；化身佛降伏眾生的地方就是在這三千大千世界，所以我們把這三千大千世界的財物受用供養給化身上師、化身佛。在化身的國土世界裡雖然有好壞、有高低、有美醜、有珍貴的如金子、有無價值的如泥土沙子等，但我們仍把這國土裡的所有一切，毫無保留地全都拿來供養給化身的上師，祈請上師予以加持，讓我們得以證悟覺性本貌。

五、供養報身

報身曼達的頌文是「**報身曼達五姓剎土中，虹光明點越量宮所嚴，俱五本智分明堆聚供，供養上師報身請享用，證悟赤裸覺性祈加持**」，此處一樣是做七堆供養。基本上，「報身曼達」我們稱之為「法界曼達」，這是因其俱備四種象徵，都是在證悟、法性上來做供養。進行供養時，跟供養化身的步驟一樣。

此段頌文之意在說明，五方佛的國土清淨浩瀚、廣大無邊，只有虹光、明點、以及清淨的無量宮殿，沒有好壞、沒有差別，不似化身國土有著珍貴的金子與無價値的沙子泥土等之差別；在報身佛的國土裡只有純粹、清淨。這些虹光、明點及無量宮殿，都是五方佛每尊佛的五本智自顯，這五本智是分開而不混雜在一起的，所以我們用五堆供來代表用這五種佛智、五種本智來供養報身佛的上師，做爲一個緣起，並祈求內心本俱的五種佛智能現前並得到證悟。

六、供養法身

我們的心質本性是「顯空無別」、「樂空無別」、「明空無別」，沒有所謂的清淨及染濁，一切都是無二無別。所以在本性當中做供養，就是「法身曼達」。這裡的供養跟前面的步驟一樣。

此處之頌文爲「**法身曼達乃至虛空際，顯空無執連環置堆供，顯明無滯大悲受用聚，供養上師法身無生享，證悟赤裸覺性祈加持**」，法身是指內心勝義諦的覺性本貌，也就是法界空性。就輪迴來說，眾生是存在於有個基礎的實相所顯現之景象中，但眾生並不知道這些是基礎實相所顯現出來的，所以會對所產生的景象產生執著，而此執著就會顯現成爲輪迴的樣貌，也因此輪迴就會繼續下去。但假設在基礎之實相出現時就能夠瞭解這些其實都是自顯的，如此就不會有誤解、有執著，就會認識實相本貌、成就佛果。所以，現在我們即以實相本貌（法身）來瞭解佛果，並以此爲供養。

在實相本貌裡，佛與眾生是一樣的，並無差別或高下，亦非用各種方式將眾生改造爲佛。舉例來說，煤炭本非白色，把它漂一漂、洗一洗，就會變成白色嗎？佛與眾生唯一的差別，是在當基礎所顯之實相出現時，其認知上的差別而已，我們會在顯相上產生迷惑、錯亂、誤解，所以變成眾生，但若能不迷惑，那不就是佛了嗎?!因此，當我們理解了「實相本貌就是法身」後，我們就可以此來作爲供養品，這就是所謂的「法身曼達」。

一般對法身、化身及報身的解釋有很多，因此我們要掌握到關鍵，否則會感到混亂。在前面雖然已經就法身、化身及報身做了一些解釋，但若是從大圓滿及阿底瑜伽的角度來講，法身、化身跟報身，最終極的解釋就是：「覺性本貌本身」，其有覺空雙運的特色；覺性本身是空性，空性是遠離戲論、不可以言詮、無法去思惟或解釋，這就是空的特色。

覺空無別就是「法身」。雖然覺性本身有空的特色，但它有神采存在，這個神采就稱之爲「報身」；而這神采並不是只是好看美觀而已，它具有威力、力道，這力道便稱之爲「化身」。法身、報身、化身，這三身在覺性本貌上本就已然俱備，我們要從此處去掌握到這三身，之後才會衍生出許多三身的理論。

七、供養三身曼達

前面的供養是圓滿化身、報身、法身各自的曼達，接下來是化報法三身之濃縮也就是三身總集的曼達供養。此處獻供之主尊爲多傑林巴，多傑林巴的身即是化身，語即是報身，意即是法身。

這裡要開始累積次數，共要唸誦十萬遍。

三身總集的曼達供養頌文是「**三身剎土浩瀚大海塵，妙欲本智神采堆聚供，奉獻三身上師聖衆前，享已本淨現前祈加持**」。

此頌文之意爲：法報化佛其剎土廣大無邊，我將其五妙欲、五本智、自性智慧之神采——其體爲自性智慧，但顯現爲七堆供——來供養三身上師及聖眾，請您享用後賜予我加持，讓我能通達本心、了知本性；因我仍時常被煩惱障、所知障等遮蓋住，希望藉由您的加持，讓清淨的覺性本貌能夠顯現出來。

其獻供之操作步驟也同前：灑甘露 ⬇ 擦曼達盤（這裡需左右各擦三次）⬇ 放一小撮米

於中央⬇邊唸頌文邊堆供⬇朝自己倒曼達盤（倒出來時撥念珠並計次）⬇（接著重覆前面動作，如是反覆做供養）。

在剛開始修獻曼達時，可能祈請及供養之頌文尚未背起，可先做供養再唸誦頌文。若已經能背誦，就邊唸邊做供養。

以上是較標準、上等的做法，但如果覺得太麻煩，可以改以較簡略的方式：擦曼達盤時改為各一圈、七堆改為五堆（日、月不堆）、持續唸誦及堆供，在唸誦約十至十五遍後，曼達盤上的米已堆到快滿溢時，才往內倒曼達盤，如此反覆。倘若還是覺得太麻煩，還有一個極簡軌：灑紅花水並擦拭曼達盤（順時針一圈、逆時針一圈）唸誦文時，只於曼達盤中央堆供，唸頌文及堆供多次後，等曼達盤上的米已堆到快滿溢時才往內倒曼達盤。大家可依自己能力去做，最重要的就是：一定要做！千萬不要做一做就放棄了！一般在寺廟中，一堂的獻曼達大約是一千次，但對時間寶貴的各位大德來講，可依自己時間上的方便性來儘量做，例如每次做一百遍，如此來慢慢累積。

如果能力及時間許可的話，大家還是要儘量用標準的上等方式修行，就是每次都要灑紅花水並把米倒向自己，以如此方式進行，其效果及威力會非常強大。

灑紅花水是菩提心的潤澤，對我們的內心幫助很大！倘若自己時間上眞的不許可或覺得太辛苦而不想做，那麼就退而求其次，選擇較簡略的做法，再不行就採用極簡軌，總之就是務必要做！倘若有時間也有能力，那麼不應該、也不可以選簡軌或極簡軌的做法，避免內心產生空洞不踏實之感。

結行頌文及迴向

實修獻曼達剛開始會覺得困難，但只要儘量去面對並學習，一定會越做越順，這是累積廣大福德資糧的殊勝法門。若以方便的法門做十萬遍與較困難的法門做一百遍來比較，其功德當然是困難的法門會勝過方便的法門；所以，我們要如法如實的去做。歷代上師們獻曼達時，做到手掌磨破了，就改用手背來繼續做，也就是遇到困難要去突破、要不畏艱難。所以，我們一開始只要逐步學習正確供養的方式，做得越來越順就不會覺得困難了。若以清淨的心及精進的心來學習，速度應該是很快的。

就獻曼達而言，一般有分廣、中、略軌，但並沒有要求一定要採廣軌的方式，主要是看自己的動機，如果動機是善良的，以什麼方式做就沒有什麼差別，重要的是要努力去實行。以上已完成了獻曼達，接下來是唸誦圓滿下座的頌文，唸完以下這四句，即可入定，並做功德迴向。

結行頌文如下：「**皈境由身放出淨白光，無餘淨化吾等惡業障，化光融入上師之心間，彼亦離戲法界無言詮。**」

本段之意為：由於我們誠懇、虔誠地獻上供養，皈依境裡的壇城聖眾皆非常歡喜，身體放出白色的毫光射入自他眾生，將眾生在修金剛薩埵除障後尚剩下的惡業全都消除掉了。然後，自他眾生全部化為光並融入上師的心坎中，我們自己的內心與上師的意亦融合在一起，與上師無二無別，並安住在無二差別的離戲法界中。

我們所做的獻曼達供養，是「世俗諦」的物質曼達，也就是有獻供養者、供養物品及受供養者。世俗諦的物質曼達是為了累積福德資糧以成就佛的色身；而在此，則是「勝義諦」的供養，亦即離戲的曼達！因為此處無供養者（我）、無受供養的對象、也無供養的物品，三輪體空，而是把自己融入上師心中，與上師無二無別，並安住在離戲的無言詮法界空性中，也就是安住在三輪體空之中，累積智慧資糧，成就佛的法身。由此可知，修獻曼達就是把法身及色身這三身的因都齊備了！

行者在實修獻曼達時，有實際供品儘量來獻曼達當然極好，但更重要的是，應時常從內心觀想變化出來做供養，甚至走在路上看到了非常美麗的山河大地、花草風景等，都應該立即觀想來供養上師、本尊、三寶及三身的壇城聖眾。這樣的觀想不但可以清淨自己的內心，還可以累積非常廣大的資糧，因此我們要經常養成這樣的供養習慣，在食衣住行之中凡是所見的，都要經常做這樣的觀想供養，並非上座才算實修，如此才能幫助我們養成獻供養的好習慣，並能快速地圓滿資糧。

行者在實修獻曼達時，圓滿一次要做十萬遍。但即使我們十萬遍做完了，也應該繼續做下去。像是偉大的行者巴珠仁波切，他每個階段都做了一百次的十萬遍！當我們在實修時，並非只有上座才算實修，其實衣食住行都是在實修！我們要隨時看到好的東西都養成供養的習慣，這樣才會成爲獻曼達實修時極好的助緣。

在修持前行法時是不能中斷的，假如我們外出沒有曼達盤，還是可以進行獻供。其實我們到任何地方都有曼達，曼達是壇城、也是壇城聖眾的意思，所以我們到任何地方，都有五方壇城聖眾的存在，即使沒有帶著曼達盤也沒關係，因爲曼達盤是實物，而我們自己的身體就是

「意」的曼達，我們可以用自己的身體來做供養，也就是以雙手結獻曼達手印，這跟擺設堆聚來做供養是一樣的意思。

事實上，我們的身體裡有著文武百尊，身體本身就是一個壇城、一個曼達了。只是說這樣的獻供，不能計入前行法的累計次數中。

8
上師相應法

尋找，依止及祈請上師加持

所謂「上師相應法」，是指「和上師一樣的證悟，能在我內心產生」。在修持前行的教法時，我們要以暇滿難得、生亡無常、因果業報、輪迴過患之轉心四法來修持。首先需體會，這一世能得到暇滿難得的人身，是因爲過去累積了相當多的善緣及福德資糧，並不是偶然得到的。之後我們要瞭解，難以得聞的佛法我們已經聽聞，難以得遇的善知識我們也已經遇到。接下來要督促自己能夠「轉心向法」，要知道有許多人想修行，但五根不具，即使想學習佛法也很困難，例如：眼睛看不見或溝通學習有障礙等。所以我們需觀察自己並瞭解，當我們外在及內在的修行條件皆已俱足時，更應督促自己好好認眞修行。許多人吃喝玩樂過日子，看似很美好，但這只是放任一生的作法，並不可取，要將身體、語言及心都投入佛法，才是最重要的！

大家要藉由瞭解三界六道的痛苦，然後在前行的階段培養出離心與厭離心；接著要想辦法，讓自己從這些痛苦中脫離出來。出離痛苦的方法非常多，不論是舊譯派、新譯派都有各自的方法；現在，我們要介紹的是屬於寧瑪派五大伏藏王之一多傑林巴伏藏師的傳承。

多傑林巴是貝若扎那大譯師的化身，當初西藏的國王爲了讓佛法能在西藏奠定基礎，於是依著蓮師的授記及預言，尋找到許多聰明的孩童出家學習梵文，於是大譯師貝若扎那被選中，並送到印度去學習佛法及梵文。貝若扎那曾在蓮師尊前學習佛法，將許多佛法典籍譯成藏文，這些翻譯的典籍對後世西藏的影響非常廣大而深遠。貝若扎那轉世後，其中一世化身爲多傑林巴，多傑林巴迎請取出蓮師的許多伏藏教法並傳承至今。

多傑林巴所取出來的法分爲「師」（上師法類）、「圓」（大圓滿法類）、「悲」（大悲觀音法類）三種伏藏傳承。由於祖師們的恩德，我們如今才有機會來實修這些善的教法。我們必須瞭解修行的主體是「上師相應法」。正如我們常聽到「前行比正行更深」這句話，指的就是「上師相應法」，藉由修持上師相應法，即可證得上師的證悟。

前面已講解過皈依發心、金剛薩埵懺罪、獻曼達等前行，這些是修持上師相應法的基礎，藉由這些基礎再來修持上師瑜伽，或大圓滿心性的直指或灌頂，如此才能眞正產生證悟；否則若無根基，將難以產生證悟。現代人大部份都不注重修持基礎的前行法，只希望能直接修持上師相應法、直接受上師心性的直指或灌頂，又或者是直接接受大圓滿心性的加持；殊不知，如此的方式是很難得到證悟。無論我們是最上的根器還是最下的根器，自己是否該從修行的根基好好培養起，這需得問自己而不是問別人；想要獲得證悟心性的成就，就必得具備修行的根基，亦即自己的皈依發心程度、懺悔過去的罪業與蓋障、以及累積應有的資糧福報。倘若福德不夠俱足、罪障不夠清淨，那麼就應該回過頭來、把基礎紮穩。希望各位捫心自問自己的程度及根器如何，倘若認爲自己不是上根利器，就應該好好培養自己的根器，努力確實地完成五十萬遍前行修持，藉由五加行前行法打好根基。

上師加持的重要性

爲何需要上師的加持？因爲透過上師直接指出我們的心性本貌，之後我們的「勝義俱生本智」便能現前，這是最主要的目標，所以要誠懇的祈請上師、觀想上師。這也是爲什麼上師相應法是一切修法之中最根本、最基礎、最重要、最殊勝的法。其實，我們勝義俱生本智及佛的功德原本都齊備，只是因爲被煩惱、惡緣、習氣等遮蓋住了，所以看不到。而想排除這些蓋障，就要靠一些順緣。首先是靠皈依和發心，皈依就是找幫手的意思，我們皈依三寶，找三寶當幫手，祈請三寶幫助我們消除罪障；但我們不能只想消除自己的罪障而已，而是要消除一切眾生的罪障，若目標只想讓自己的覺性本貌顯現、只想消除自己的障礙、讓自己成佛就好，這是完全錯誤的。所以我們內心必須隨時思惟「消除一切眾生的罪障」，靠著發菩提心，才不會走入顛倒、錯誤的道路。之後，要消除罪障就得靠金剛薩埵百字明了。經由觀修金剛薩埵、唸誦百字明，把自己被業障、煩惱障、所知障、習氣障蓋住的勝義俱生本智的四個遮蓋物消除掉。

有言：「勝義俱生之本智，積資淨障之成效，祈請上師之加持，依賴他法爲愚笨。」想要勝義俱生的本智現前，要好好的累積資糧、消除罪障、祈請上師，靠上師的加持。我們經常談到「加持」，並非只是透過修上師相應法得到上師的加持或得到共通的成就；若單就得到共通的成就而言，還有很多方法可達到。整體而言，一切加持之中最爲殊勝、最主要的，就是要能讓自己的勝義俱生本智現前。關於勝義俱生本智的稱法，各個派系取名不同，所以就有很多的名稱，包括「如來藏」、「平常心」、「自己的覺性本智」、「內心的實相」、「內心的本貌」等，但最常用的就是「勝義俱生本智」、「心性本貌」、「覺性本貌」，名稱雖然很多，意思其實都是一樣的。

上師相應法的重要性

上師相應法是終其一生都應當做的修持，是一切修持的要訣。雖然被列在前行法當中，事實上，上師相應法是最精華且最爲深入的法，無怪乎有人說，觀修許多本尊不如剎那憶念自己的上師，唸誦百千萬億遍咒語不如唸誦一次上師的祈禱文。爲什麼呢？這就是修持上師相應法的殊勝處！或許許多人會疑惑：「難道我修持本尊的咒語就不殊勝嗎？」這當然也很殊勝，但就密乘而言，觀本尊是屬於生起次第及圓滿次第，可以讓我們的心得到穩定、堅定及獲得相當的成就，但眞正要明心見性，還是要依靠上師的要訣與指示，也就是依靠上師的加持，而上師相應法正俱備這樣的功能。修持上師相應法比修持本尊及持誦咒語，更能夠藉由上師的加持及直指，更能證悟心性本質而得到究竟並成佛解脫。自古以來諸多大德的成佛解脫，並非必須接受許多的灌頂或修持特別本尊法等，而是在修上師相應法的過程中得到明心見性，因而獲得證悟、解脫。修持本尊固然重要，但以明心見性來說，上師相應法是不可或缺及最爲究竟的，所以各位應當瞭解，上師相應法是這一生金剛乘中不可或缺的修持重點。

我們經常談到上師、本尊、空行三根本：加持的根本是上師，成就的根本是本尊，事業的根本是空行護法。然而，這三根本是集中在上師身上，所以上師是三根本、三身、三寶的總集；上師的斷、證二方面的功德，等同一切諸佛，但以對我們的加持和恩惠來說，則更勝一切諸佛，因此上師對我們而言非常重要，上師相應法就是祈請上師及遵依觀修上師的實修法。

從罪障這方面來看，罪障歸納起來主要有兩類：身口心三門的罪障，以及身口心三門混合在一起的罪障。把這些蓋障排除掉之後，就可依序獲得寶瓶灌頂、秘密灌頂、智慧灌頂、詞句灌頂之四灌頂。得到此四灌頂後，我們的內心會逐漸成熟，俱生本智就會逐漸現前，內心會依序領受「喜悅的本智」、「殊勝喜的本智」、「特別喜的本智」、「俱生喜的本智」之四智，其成果會得到化身、報身、法身、自性身之四身。而這些成果的依靠處，就是上師相應法。再從究竟的果位來說，這是天然的果位，是天然的本智完全現前，它原本早就存在，只是被遮蓋住無法看到，並不是我們現在才把它製造出來；正因爲它被遮蓋住了，所以現在我們要努力讓它現前，但假如無法掌握關鍵，那麼再怎麼努力也不會有成效，這就是上師相應法如此殊勝及重要的原因。

依止上師之次第

正式修持前首先要先依止具德上師，然後讓上師的加持進入我們內心之中，這一點非常重要。所有一切的開始就是上師，因此依止前要先好好的尋找及觀察；如果依止了顛倒的上師，前面講的這些效果便全都沒了。

依止上師有三個次第：

一、最初的階段：善巧觀察。

二、中間的階段：善巧依止。

三、最後的階段：善巧取得上師的心意，也就是取得上師內心的證悟。

這三個次第，都非常重要，所以前面談到，修上師相應法如果沒有上師加持，如何能證悟？修上師相應法，第一步當然是要找到具格之上師，而尋找具格之上師，首先要觀察，這個步驟如果沒做好，那就功虧一簣了。

依止次第一：善巧觀察

蓮花生大士開示：「弟子若不觀察上師，就如同喝了毒藥；而上師如果不觀察弟子，就有如跳懸崖。」

現在的弟子在依止上師時，常常未經觀察及思考就去依止了，這就好比喝了毒藥，是很危險的。而上師教導弟子時，若輕易且隨便教導，就好像跳懸崖一樣，也很危險。所以上師觀察弟子，弟子觀察上師，都是必需的，否則可能雙方都會陷入危險之中。所謂善巧觀察，就是仔細去觀察上師的言行舉止，是否誠於中、行於外，如此一定可以看出端倪。大體而言，上師這個名稱大家都很喜歡，每個人都想要當上師，但當上師不容易。所謂「上師」，基本上要齊備四個條件：

〔條件一〕他的證悟能使弟子內心解脫

上師自己實修，已斷執著，因其內心有許多的覺受證悟之故，可以使弟子的內心解脫。

〔條件二〕他的大悲能使弟子內心解脫

他內心有大悲心、慈心、愛心，會照顧弟子，可以使弟子的內心解脫。

〔條件三〕知善巧緣起

他知道用什麼方法去引領弟子走向解脫之道，而且會非常小心謹慎地採取適當的方法。因爲有時候上師教導弟子，弟子也會不高興，所以須瞭解適當的方法，也就是緣起。好的上師有許多方法可以好好地教導及照顧弟子。

〔條件四〕所行有意義

他任何的言行舉止一定都是有意義，而非糊里糊塗的，都蘊含著特別的含義。

以上這四個條件都齊備，就是可以依止的具格上師；反之，如果不齊備，可能就不太適合依止，需要多加考慮。大家在尋找依止的上師時要掌握這四個條件，然後去觀察。以過去的大德來說，如何算是合格上師，也有各種的說法，但整體歸納起來，一個合格上師須俱備**優越的智慧**、**悲心**、**加持**、**口訣**、**經驗**這五種條件。噶舉派上師則又說應該還要俱備**證悟**、**成熟的身心**、**懂得證悟的緣起**、**使有緣接觸的弟子獲得利益**等四項。總而言之，具有上述條件的都適合依止，也都是我們應當以虔誠的心去對待的對象。

因爲上師能幫助我們解脫輪迴，所以稱爲「上師」。但現代不似古代純樸善良，若要找到像瑪爾巴及密勒日巴這樣的上師及弟子，在這個時代很困難。許多大德都說，現代的上師若要像以前一樣是大成就者，弟子要像以前一樣是虔誠具信者，簡直難如登天。因爲時代不同了，在現代，就上師的部份而言，只要能有利他的菩提心、處世爲人也都具有菩提心，就值得我們去依止；反之若上師的做法是自私自利的，那麼就不應當去依止。

此外，依止上師通常也是依著自己的緣份，譬如一聽到上師的名字便產生強烈善念、出離心或菩提心等；倘若自己有這樣的覺受，那麼這位上師也是可以依止的，因爲他跟自己有很好的緣起。當然，最主要的是你必須去觀察要依止的上師是否有利他的菩提心，這才是最重要的。

依止次第二：善巧依止

依止時，首先要將依止的上師視爲宛如一根救命的浮木，也好比自己是一個被病痛折磨了很久的絕症病人，看了很多醫生、跑了很多醫院都藥石罔效，但爲了活命，當然會持續不斷地尋找良醫。假設現在找到了這位良醫、神醫，而他確實能把病治好，我們當然會非常高興，也一定會把他看得非常重要，內心對他會有非常強烈的期望，相信他開的藥及教導的方法一定有效、一定可以把我們治好。我們在依止上師時，就要有如是的心態：「上師可以救我，讓我起死回生！」如同密勒日巴去依止他的上師時，僅僅只是聽聞上師的名號，內心都異常感動、震撼，並且淚如雨下、汗毛直豎。倘若我們找到自己的上師，就會有這些徵兆出現。所以當你找到上師時，內心會非常堅定、肯定，不會搖動，無論再怎麼千辛萬苦都一定要去拜見上師，這種想法要非常強烈。

現在我們是被煩惱、疾病所逼迫的輪迴眾生，有了上師的教導，肯定能治好我們的煩惱與疾病。我們對上師要有如此強烈的信心，要如《華嚴經》所開示，運用四種想法來依止上師：把自己當作病人、把上師當作神醫、把法當作仙丹妙藥、把努力實修當作治癒疾病的過程，千萬不可以用顛倒的想法去依止善知識。所謂顛倒的想法就是：把上師當作麝香鹿、把自己當作獵人、把口訣教誡當作麝香；然後在依止善知識時，就好比是把麝香鹿殺了，得到他的麝香就好。我們不應該有這樣的想法及心態。又譬如，聽到某位上師在傳授大圓滿口訣，因爲這大圓滿口訣自己從未聽聞，在台灣也是首次傳授，便未先做任何瞭解就馬上直奔而去；然後在聽聞口訣之後，就不管上師了，上師是誰也不重要，反正已經得到口訣。這就是顛倒的想法，千萬不可以做如是想！大家務必要以《華嚴經》所教導的四種正確想法來依止善知識。

有了正確的依止心態後，內心要對上師抱持非常強烈的期望，要相信自己所依止的這位上師善知識，其教誡、口訣等，一定可以把我內心煩惱的疾病完全治好；然後，抱持著非常強烈的信心依止上師，不但將自己的身口心三門供養給上師，還要排除世俗雜務等萬難，按照上師的開示努力實修。如此，上師的教誡口訣便會逐漸跟自己的內心契合，內心障礙、阻礙及煩惱蓋障等，就會慢慢消除掉。

依止上師善知識時，須以三種方式讓上師喜悅：

〔**上等者**〕：實修的供養，這是用內心實修來供養上師，按照上師所傳授的開示教誡，如理如法的實修，之後以實修的成果做爲供養。弟子能一輩子都實修上師所傳授的法，這是上師最高興、最喜悅的事。

〔**中等者**〕：身口二門的服侍供養，這是以許多義工服務的工作來恭敬服侍上師，以服侍來作爲供養，讓上師喜悅。

〔**末等者**〕：以錢財物品做爲供養，讓上師喜悅。

簡言之，古時候最上等的弟子是，師父說什麼、弟子就照做什麼，完全聽從；但這在現代來說相當困難。舉古時的那若巴及帝若巴尊者師徒為例：那若巴有一天聽到帝若巴的名字，內心產生了特別的感受，汗毛豎起、流下眼淚，產生了強烈虔誠的恭敬及出離心，於是認定這個人就是他的上師。他辛苦地跑遍各地尋找這位帝若巴尊者，終於來到一個地方，有人告訴他：「這個地方沒有什麼大成就者，但有個老漁夫叫帝若巴，你問的人應該是他吧！」那若巴心想：「這應該就是我要找的人了！」於是終於找到了這位老漁夫。那若巴向帝若巴說：「你是我的上師，請你攝受我當你的弟子。」帝若巴回答：「我只是個老乞丐，你要我攝受你，我怎麼攝受你？」然而無論怎麼說，那若巴仍然虔信帝若巴就是他的上師，於是他跟著帝若巴一起生活、一起學習，但在那若巴獲得成就前，帝若巴從未好好坐下來指導那若巴教法及經典，也沒有好好跟他講述過道理，而是藉由各種乍看之下跟佛法沒有相關的方式去啓發那若巴。比方說，師徒兩人有天來到一個有九層樓高的地方，帝若巴便說：「對上師有虔誠心的弟子，現在應該馬上就跳下去。」那若巴就想：「這是在對我說嗎？上師應該是在對我說的吧！」因為他對上師眞的抱持著虔誠的信心，於是就眞的跳下去了；但在這樣的過程中，他也因此開啓了某方面的智慧及證悟。

這個故事是要讓各位知道，以前的弟子在依止上師時，都是上師說什麼、弟子就做什麼，不會有任何的違背及遲疑！雖然這一點在現代很難做到，但各位至少要有一個觀念：依止上師之後，不要產生錯誤的觀念及態度！如果無法做到這點，就不要去依止；不可時間一久，就開始產生「上師跟我沒甚麼差別」的心態。一旦認定這位上師是你要依止的對象，你心裡就要體認到這個道理：上師比我高尚、尊貴，是值得親近的對象。

在佛法上，上師跟弟子的關係，又跟一般世俗的師生關係不太一樣，不能用世俗的觀點來看待。在我們還沒有明心見性之前，雖然上師的樣子看起來像是普通人，但他內心是尊貴及殊勝的三寶總集、是根本上師的總集。當然這並不是說，你依止的上師很尊貴，所以你就一定要對他鞠躬哈腰，而是說，你對他的尊敬是出自內心全然的尊敬及恭敬。以前有許多的例子是，師徒之間似乎並沒有特別的指導或作爲，但因弟子本身態度良好，一心對上師虔誠恭敬，因而獲得證悟與解脫。

現代的弟子不懂得要去觀察所要依止的上師觀點是否正確、或是自己的心態是否正確，因而產生一直在換上師的情況；然而，這並不是因爲師父缺乏給予指導或教化的能力，而是弟子的心態從一開始就有問題。也就是說，倘若自己的心態不正確，不管換幾個上師，都無法得到解脫，這就是所謂的「換湯不換藥」。如果你依止上師的心態一開始就錯誤，必然會影響之後的效果，亦即所謂的緣起錯亂。

總而言之，我們要瞭解在密乘裡，弟子跟上師之間的關係不是一般世俗的師生關係或師徒關係，這種關係甚至比我們跟父母的關係來得更加密切。現代的人因爲不瞭解這個觀念，所以很容易改變自己對上師的想法，有時還錯將沒有什麼本事的師父誤認爲是很厲害的上師，或者明明是很有修爲的上師，卻覺得這位上師沒有什麼眞本事。倘若沒有經過善巧觀察，的確很容易發生這種錯亂。所以，當你經過觀察後去依止上師，最好不要因爲其他任何微不足道的原因而隨意地改變。

所謂依止上師，正確來說就是：上師說什麼就要完全聽從，做任何事都希望能讓上師歡喜、順從上師的心，不要違背上師的心意，這就是取悅上師。再舉那若巴、帝若巴尊者的例子來說明：那若巴因爲要親近帝若巴尊者及消除蓋障，所以經常去做一些苦行，這些苦行共有二十四種，但帝若巴從來沒因爲他做的這些苦行、受的這些折磨而露出欣喜的笑容；那若巴有一天在外面辛苦地討到一碗粥，回來供養帝若巴，帝若巴吃了之後面露微笑，於是那若巴就跑去外頭，想再要一碗粥回來取悅上師，但因爲已經過了中午，攤販都收攤休息了，那若巴因爲一心只想要上師開心，所以他想說，偷拿一碗應該沒有關係，就眞的去偷了一碗粥；結果被抓到後，受了一頓毒打，帝若巴也下去一起痛打他。事後，帝若巴問那若巴痛不痛？那若巴說：「我痛得快死掉了」，但因爲他心中沒有任何的邪見，因此帝若巴便加持那若巴，使那若巴不再疼痛並完全康復了。

今天假設換成我們是那若巴，我們可以接受帝若巴的教育方式嗎？不管你依止那一位上師，在跟上師相處當中，要時時觀察自己的動機，不要因爲上師對你笑了或口氣不好罵你了，就覺得上師是喜歡你或是不喜歡你等，這就是起邪見；倘若如此，這輩子要明心見性會很困難。一旦依止了上師，他就不是一般人，他是佛陀，所以不管上師對我是好是壞，一定有他的用意，我不該因此改變對他的態度及虔敬。現在，要大家做到如此虔敬很困難，但若想要明心見性的話，至少要做到跟上師的三昧耶誓言清淨，這是不可或缺的！

我們因爲無始以來受到無明及重覆我執影響的緣故，若上師對你笑，說你很好、稱讚你，你會很高興地認爲這位上師是一位好上師；若上師直接指責你的缺點、或者說的話不合你的心意，你就會覺得這位上師沒有眞本事，證悟不過如此而已。這是爲什麼呢？因爲我們心的執著太堅固了，只喜歡聽讚賞跟肯定。但是，我們學佛修行就是希望藉由法來轉變我們的心，若上師對你臉色不好或告訴你那裡要改時，你都沒辦法接受的話，那你怎麼可能藉由經書的文字去改變自己的心及修行呢？

當我們把上師當成依靠時，如果上師對我們的行爲舉止沒那麼和顏悅色，我們心裡就會很受挫、很難過，但即便如此，我們也不應該產生邪見。比方說，以前我們的老師或父母跟我們說的某一句話，雖然當時聽起來很不舒服，但經過多年之後，我們才發現原來對方講的那些自己覺得最不中聽的話，竟然都是對的！是不是這樣？我自己也有過這樣的經驗，但我在依止上師的過程中，都保持不起邪見；當然，有時上師的指導很嚴厲，我心裡也是會難過，當時也無法瞭解原因，要經過一段時間後才會恍然大悟，也因此獲益匪淺。希望各位在依止上師的過程當中，也能都隨時隨地好好地自我反省。

上師相應法的重點，是在藉由觀念上不離上師的身語意來觀修，這才是眞正的上師相應法，才是眞正的密宗行者。剛剛有提到，身爲一位上師很不容易，因此我們要好好虔誠恭敬自己的根本上師。上師跟佛陀之間，在功德上無甚差別，差別僅在於，只有根本上師能當面明確地告訴我們什麼可以做、什麼不能做、什麼是明心見性、如何能夠證悟自心本質，只有上師能特別攝受我們直至成佛；所以從恩德來說，上師比諸佛更加偉大。

一旦觀察依止上師之後，不管他外表的行為舉止如何——這包括有些上師為了要渡化眾生，而會有許多奇怪的舉止——他的內在就是眞實的佛陀。簡言之，修行人必須看待你所依止的上師就是眞實的佛陀，一旦依止後，當你觀想你的上師時，須觀想上師為蓮師，與蓮師無二無別；若是觀想上師肉身的模樣，虔誠的心不容易變得強烈，比較容易聯想到上師負面的部份，所以大部份上師都會要求弟子如此觀想：上師顯為蓮師，與蓮師無二無別。總之，重點不在於觀想上師的長相，而在於觀想自己的上師與佛無二無別！

在這個時代，上師要能同時俱備博學、實修、證悟三者實在困難，即便有，也實在是太少了。因此，在尋找依止上師時，我們可以遵循幾個步驟：首先，從教派來選擇；我們這個時代主要有四個教派，可就其中決定選擇哪一派。選擇之後，再看傳承派系有哪些、博學精通且實修的有哪些，然後再好好逐一尋訪、觀察。選定一位之後，再觀察這位上師是否時常做實修、他的實修是否有傳承，譬如心續成熟的灌頂、內心解脫的指導等傳承。

特別就實修來講，要觀察上師自己有沒有好好實修圓滿三根本。若就伏藏法來說，伏藏法的核心是師、圓、悲三項，也就是上師法、大圓滿法、大悲觀音法，這是所有伏藏的靈魂、精華，所以務必觀察、確定上師有否完成實修、傳承如何？如果都確定了，就知道他肯定會對我在解脫成佛的修行路上有幫助，是完全可以依止的上師。反之，倘若前面談到的這些條件都不齊備，就不是很適合依止了。

然而，即便前面這些條件都齊備了，自己也不一定能夠依止，這些條件即使都俱足了，也還要順緣齊備；譬如到了水邊，不一定能解渴，還要看你能不能搆得到水、有沒有好用的器皿可以盛水及儲水。所以，假設我們想依止的上師是正派的、有程度的、非常好的上師，但就弟子本身來說，要去跟隨這位上師的時候，自己的資糧及福報這些條件也要齊備。如果這些條件都不齊備，就算上師非常殊勝，想跟著上師並得到法緣，就會有點困難了。因爲順緣若不齊備，有時上師的開示自己不但容易誤解，也沒有辦法掌握到開示的關鍵重點，而這都是因爲自己的福報資糧還不夠齊備的緣故。所以，我們不但一方面要尋訪上師，一方面自己也要好好努力、累積福報資糧以求獲得順緣。

在此五濁惡世的時代，要找到條件全部齊備的上師自然是難上加難，而弟子本身要條件齊備也不太容易，像是要能信心堅固、誓言純淨等。換言之，現在的上師要像馬爾巴很困難，弟子要像密勒日巴也很困難。因此，理想的上師大概應該是什麼樣子、理想的弟子應該俱備什麼樣的條件，大家也只能順著時代來走，雖不能十全十美，但也不應太過離譜。

依止次第三：善巧取得上師的心意

取得上師之心意猶如天鵝游於湖中，天鵝可以輕鬆自在地在湖面游動，然而湖面完全不會起漣漪，湖水也不會變成混濁。又譬如群蜂採蜜，蜜蜂繞著花朵，取得花的心要精華去釀蜜，但蜜蜂採了花蜜之後，對花的顏色、氣味一點影響都沒有，對花也不會造成絲毫的傷害，這是一樣的道理。

上師內心斷證的功德，其實跟諸佛一模一樣，只因爲我們自己是凡夫俗子，我們的想法也是凡夫俗子的想法，故而有時，我們看不出上師善知識的尊意，在看待上師的行爲時，也會以凡夫俗子的角度去解讀。因此在依止善知識時，要如前所述，只要是上師所開示的教誡，自己就應如理如法地確實去實修，如此便能取得上師的心意了！

最重要的是，我們內心必須對上師俱足清澈的信心、欲求的信心、相信的信心這三種信心，在三種信心齊備的情況之下，按照上師所開示的如理如法去實修。再次強調，大家在依止上師時，要按照前面講的次第去做，亦即從最初階段的善巧觀察、中間階段的善巧依止、以及最後階段的善巧取得心意。尋得上師善知識之後，就好好依止，按照開示好好努力，一步步地進行實修。

9
實修上師相應法

我們現在講解的是多傑林巴的「五加行上師相應法」，因此，法緣上師就是多傑林巴，我們要先有這樣的定解，然後誠懇地依次第做修持。以下爲頌文內容及講解：

次第一、祈請與觀想

頌文「耶瑪霍」是指實相是如此奇特，因而發出之感嘆詞。頌文：「**遠離執著己身狀態中，覺性空明虹彩越殿內，四魔蓮花日月堆疊上，剎那念圓馬亥父母身，莊嚴手幟齊備各分明，顯空幻化身明頂門端，五面四角交叉珍寶座，綢緞墊上離過千蓮花，方慧白紅堆疊彼處間，總集皈處佛子金剛洲，白紅光澤歡喜相好嚴。**」

這段頌文在談的是，自己內心沒有了惡劣的習氣及想法，遠離對自己身體的執著，在萬法究竟的實相中安住。妄念執著有二種：一是「所取對境」，如色聲香味觸；另一是指「能執的內心」，亦即我是什麼樣子。

當念頭全部消滅時，會出現「空分」和「顯分」，也就是「覺性」和「明空」。這時因爲「所取能執」的妄念心已全部消除，內心離開了一切的思惟，只剩下「覺性」和「空性」。萬法究竟實相之因是「覺性」，其本身有「空」的特色，也就是「空分」、「空性」，因此「空」之中又有「明分」。當「覺性」和「空性」、「勝慧」和「大悲」結合後，它的力道就會形成彩虹及無量宮殿。剛所提到的「空分」也可稱爲「本質空」；所謂的「明分」，則是指佛身、佛智、佛功德等本來自成的功德。

在無量宮殿裡有朵四瓣蓮花，蓮花上有太陽及月亮，法座上有馬頭明王佛父佛母，而自己就是佛父馬頭明王，懷中交抱金剛亥母佛母。在此進行觀想時，不論弟子是男眾或女眾，一律觀自身爲馬頭明王佛父。這四瓣蓮花代表打敗死亡魔、煩惱魔、天子魔、五蘊魔四魔。

文中所述「剎那念圓」，指的是在剎那間本尊自成，也就是觀想時，自己於一剎那間成爲本尊之形象。觀想的方法有很多，其中一種就是「剎那念圓」。接著觀佛父佛母手中拿著法器，身上穿戴著莊嚴的裝飾品，這是顯空雙運道。之後再觀想在自己的頭頂上有寶座，寶座上有各式珍寶裝飾，在寶座的東南西北方各雕有五面自在神，其寶座上有朵已離輪迴過患的千瓣蓮花，蓮花裡有綾羅綢緞所織成的座墊，代表方便和勝慧；座墊上有白色的月輪和紅色的日輪層層堆疊。多傑林巴就是皈依處的總集，祂的外形具溫潤三十二相及八十種隨形好，白裡透紅並散發出白紅光澤。

頌文：「咒衣著身緞氅外內裝，頂戴蓮帽蒼鷹翎羽飾，右手於空搖動權攝鼓，左手振動空性聲響鈴，衆多光及光芒環繞界，雙足安住金剛跏趺座，憶念即能消滅輪迴苦，親見即達無漏安樂道。」

這段頌文在描述多傑林巴上師的穿著打扮及功德力。祂內穿咒士的衣服，外罩綢緞長袍，頭頂戴著繡有蓮花的帽子，帽頂有老鷹的羽毛作爲裝飾，右手拿著權攝十方的手搖鼓於空中搖動，左手拿著發出空性的鈴，四周被眾多彩虹光環繞，雙腳以金剛跏趺坐姿安坐；祂的殊勝功德力，使我們只要一想起祂，所有的煩惱及輪迴痛苦就能被消除，內心拜見祂，就能在道路上好好做實修。在頌文裡的「蓮帽」是指蓮花帽，其中間有金剛杵代表實相永恆不變，上面有老鷹羽毛代表見地到達最高。

頌文：「祈請即能速賜二成就，右方悲智左方慧友尊，四周環繞百大伏藏師，頂門大日毗盧大譯師，周圍藏地二五王臣明，毗盧頂嚴虹芒五光界，蓮花生源方隅八持明，間隙安住八十成就者，三傳根傳上師如雲佈，四周圍繞一切本尊天，勇士達基具誓護法衆，如芝麻堆散佈般安住，諸尊三處表徵三種字，光射十方刹土拂塵洲，迎請一切持明天尊衆。」

這段頌文爲皈依境之敘述，以及觀自己是誓言尊來迎請本智尊降臨。其文意爲：如果誠懇祈請，就會賜給我共及不共的二種成就。在多傑林巴的右手側是悲智尊蔣揚欽哲旺波仁波切，左手側是慧友尊蔣貢康楚仁波切，此二位成就尊者都在淨顯中親見多傑林巴。多傑林巴的四周圍繞著百位大伏藏師，祂的頭頂上是貝洛札那大譯師，四周有西藏王臣二十五人成就者圍繞，貝洛札那大譯師的頭頂上圍繞著五彩虹光，上有蓮花生大士，四面八方有持明成就者及八十大成就者穿插圍繞著。三根本傳承上師像雲朵一樣重重疊疊，在雲裡聚集了無數的上師、本尊、空行、勇士、具誓護法眾，層層疊疊、無量無邊，祂們的額頭、喉嚨、心間，都有「嗡　阿　吽」這三個種子字，放光至十方的法界國土，特別是蓮花生大士的淨土拂塵洲，來迎請無量無數的持明本尊天眾。

我們要如上所述地去做觀想，大家可參照皈依境圖片。其實要觀想的非常多，一張紙是畫不下的，爲了方便起見，只能把重點表現出來做爲示意。不丹布薩旺度寺（Busa Wangdue Goenpa），最初的創立者爲尊者聰美扎西天津，他是多傑林巴的子嗣之一，應授記開創了現在的祖寺布薩旺度寺，然後代代相傳；從我們面對皈依境的方向來看，歷代祖師照上，右邊這四位仁波切是家族傳承的上師，戴藍帽者爲邱吉多傑，此後代代相傳到第九世朋措多傑仁波切，亦即第十一世布薩祖古的前一世。

前面所談到的王臣二十五人、八十大成就者、八大持明士，這些在內心觀想時勝解他們在那裡就可以了，因爲我們無法一位、一位地觀想清楚，等到以後有機會再畫特大唐卡，每一尊都畫上去時，大家才有辦法看清楚，現在我們只要內心相信，這樣就可以了。頌文中提的「三傳」是指「勝者尊意的傳承（諸佛）」、「持明表示的傳承（意會）」、「士夫口耳的傳承（透過說話之教導方式）」三種。而一般傳承則有分爲「主要傳承」、「根本傳承」、「支分傳承」三種。

以上頌文唸誦及如是觀想後，接著我們要在猛烈信心及勝解心下，以悠揚聲調來唸頌如下的迎請上師頌文。此時，我們要自觀爲馬頭明王並與金剛亥母擁抱，其下方是護法瑪寧怙主——多傑林巴伏藏的護法與貝瑪林巴伏藏的護法是一樣的。

觀想後唸誦迎請文：「**吽　鄔金勝境西北隅，蓮華芯蕊莖梗上，獲證稀有勝成就，蓮華生源名廣揚，眾多空行眷屬繞，隨行汝後我實修，請賜加持速降臨，於此勝處降加持，於我勝修授四灌，消除祟及邪導障，並賜殊共諸成就。**」

在前面我們已提及，要觀想前方有壇城聖眾，自己是馬頭明王擁抱亥母，頭頂上方有多傑林巴，這些壇城聖眾的額頭、喉嚨、心間射出白色、紅色、藍色的毫光至十方國土，特別是鄔金國土西北隅，迎請上師、本尊、護法、空行降臨。

此段的最後四句「**於此勝處降加持，於我勝修授四灌，消除祟及邪導障，並賜殊共諸成就。**」為大禪修支分，此四句即為多傑林巴心咒：「嗡阿吽 咕嚕 班雜 迪邦 薩哇 悉地吽」之字意。

次第二、獻供

為了累積資糧、消除罪障，因此要獻累積資糧的十支供養（也稱為十支分）；顯教為七支分、密咒乘門為十支分。

獻供頌文：「**上師本尊空行降此處，安住莊嚴日月蓮華墊，身語三門恭敬誠頂禮，奉獻外內秘密供養雲，往昔至今不善皆懺悔，三時所有善行皆隨喜，請轉自他遍解之法輪，眾怙不入涅槃請住世，迴向三時善行成菩提，但願等空眾生現三身。**」

這裡的涵義是用恭敬來對治傲慢、用供養來對治慳吝、用懺悔來對治瞋恨、用隨喜來對治嫉妒、用請轉法輪來對治懶惰、用請住世來對治邪見、用請三身現前來對治懷疑。其十支分如下：㈠迎請降臨。㈡安住。㈢身口心三門恭敬做頂禮。㈣獻供養：一切外內密的供養如雲朵般多。㈤懺悔自己從無始以來所做罪業。㈥隨喜過去、現在、未來三時一切所有眾生的善業。㈦為讓自他眾生解脫之故，請求您轉法輪。㈧請求壇城諸眾住世，不入涅槃。㈨將三門的一切善根都迴向眾生，願眾生都能成就菩提。㈩內心懇切願眾生能成就法報化三身佛果。

次第三、融入、觀想、祈請上師

接著要迎請本智尊（壇城聖眾）融入誓言尊（自己）。

頌文為：「**諸尊三處表徵三字中，放射白紅藍色三光芒，融入自己三處令三門，淨化垢障轉成三金剛。**」

此處觀想：壇城聖眾的額頭、喉嚨、心間射出白、紅、藍色的毫光，融入自己的額頭、喉嚨、心間，消除自己身口心三門的罪障及蓋障，然後自己的身口心三門變成了身金剛、語金剛、意金剛，轉變成為與壇城聖眾無二差別的三金剛（身語意）。這是觀想的內容，但主要是要一邊觀想一邊唸「嗡阿吽」一百零八次，得身語意的加持，或者是唸誦「心想任運禱文」，或是持誦蓮師心咒一百零八次也可以。

因先前我們已虔誠地唸誦祈請之故，虛空中的壇城聖眾內心都非常高興，此時，壇城聖眾們猶如吹氣在鏡子上一樣，鏡上的霧氣逐漸消散掉，所有壇城聖眾皆融入中間主尊多傑林巴，然後壇城中只剩一位根本上師多傑林巴。

接著，內心以極其恭敬且強烈之信心來唸誦「祈請根本上師之親近頌」。頌文為：**「三傳根傳三時善逝眾，總歸多傑林巴一體中，祈請賜予殊共諸成就，此生證悟佛果請加持。」**

此時要一心專注於上師多傑林巴，然後專心勝解地唸誦這段親近頌，並一邊計數，需持十萬次。

「三傳」為勝者傳承、持明傳承及士夫口耳的傳承。「根傳」為根本傳承上師，「三時善逝眾」為過去、現在及未來所有諸佛。頌文意思為祈請三傳、根傳、三時總集的多傑林巴尊賜給我加持，讓我此生能安住在覺性本貌，直至證悟佛果。

大家禪修觀想時，不需把細節觀想得太過細微，反而造成妄念紛飛！以前有位禪修士是光頭，他觀修時認為自己光頭，頭頂無髮會很滑溜，會令上師們無法在他的頭頂上安坐，因此，他認爲觀想須加上坐墊給上師們；接著，又考慮到坐墊的材質、顏色、款式等等，一路衍生出諸多煩惱，以致於這種不必要的細節觀想反而變成了阻礙。關於觀想，密勒日巴的牛角故事禪修章節裡已經解釋得非常清楚明白，大家可以去瞭解一下牛角故事的典故。

次第四、持親近咒

接著，是持誦親近咒。

頌文爲：「**上師心間明點五光界，普賢父母基達帳室中，蓮花日月墊上藍吽邊，咒語之幔右旋並轉動。**」

此處觀想多傑林巴上師心間（也稱「明點」）充滿了五色毫光，在毫光內有普賢如來父母尊，普賢如來心間有蓮花，花上有日月輪，日月輪上有藍色「吽」字，而「吽」字周圍有「**嗡阿吽 咕如 班雜 迪邦 薩哇 悉地吽**」之咒幔以逆時鐘方向環繞排列。唸誦此親近咒時，咒語是以順時鐘方向轉動。這個咒語也可儘量持誦，也要累計次數。

這親近咒「**嗡阿吽　咕如　班雜　迪邦　薩哇　悉地吽**」之中的「嗡阿吽」是「身、語、意」，「咕如」是「上師」，「班雜 迪邦」是「金剛洲」，也就是多傑林巴，「薩哇」是「全部、一切」，「悉地」是「成就」，「吽」是「請賜予、請加持」。整句意思即爲：祈請金剛洲上師多傑林巴尊者，請將您身語意全部的成就都賜予我、加持我。

次第五、祈求五灌頂

以虔敬誠懇心唸誦如下頌文：「**上師五處秘密藏庫室，甘露俱五光芒漸流降，充滿尊身由足拇趾降，流入梵穴漸滿身要處，淨五煩惱獲五金剛灌，五身種子植入相續後，上師融入自己樂空界，定於無生上師體性中。**」

此處觀想多傑林巴的額頭、喉嚨、心間、臍輪、密輪，射出五種顏色的毫光，這五個部位不斷流出甘露，逐漸灌滿上師多傑林巴全身，之後再由右腳拇趾流出來，從我們頂門梵穴流入並灌滿我們全身，我們的五毒煩惱全被清淨，並獲身、語、意、事業、功德之五種金剛灌頂。並將法身、報身、化身，自性身及本智身之五身成就的種子植入我們內心裡，接著再觀想上師逐漸融化爲光、並融入到我們的身心當中，於是自己的內心和上師的內心完全結合在一起，自己的心與上師，無二無別。

頌文中提的「樂空界」，是指在無生的本質中安住，與上師無二差別。「定於無生上師體性」指的是安住在無所緣起之空性中，輪迴涅槃無差別，契入安住，此時無妄念沾染，念頭中沒有「所能修者」，也沒有觀修及渙散。當觀想上師融入自己身心當中時，心就定在「一切現象就是上師的身，一切聲音就是上師的語，自己的心及念頭就是上師的心意」。然後，要在這樣的狀態下安住並靜坐，若有念頭生起就下座。

次第六、封印及迴向

出定時，要觀想自己是上師多傑林巴的形象，自己的身口心三門，就是多傑林巴的身語意三門，在上師的攝受之下，自己就是多傑林巴，然後唸誦迴向祈願文：

「願我速以此善根，成就具德上師尊，並將一切諸衆生，安置成就於彼地，於汝勝解以及祈請力，但願吾等任居何方所，病魔匱乏鬥爭皆平息，並願教法吉祥及增長。」

龍欽巴如是開示：「初善是要發利他的廣大菩提心，中善是在正行中生起無緣取的空性智慧，後善是將功德迴向給所有眾生。」不論我們修何法門，這三點皆非常重要。今日我們能聽聞佛法，是非常殊勝的因緣及福報，也因聽聞累積了廣大的功德；因此大家要發廣大的菩提心，將這聽聞的功德迴向給自己的父母及所有眾生，願他們都能離苦得樂，同時也可許願：「願我在如法地觀修多傑林巴傳承的大圓滿前行法門直至證悟佛果時，能夠一直與多傑林巴上師相應、能夠一直有覺受，實修都能順利圓滿、沒有障礙與阻礙！」

再對唸誦迴向文加以說明。因爲多傑林巴是大成就者，所以他有眞諦語的威力，用眞諦語的威力來唸迴向發願文，威力當然會很強大。倘若你是上等者，也就是說能將自己的身口心三門安住在自己就是多傑林巴的身語意三門，並與多傑林巴無二差別，下座後的威儀也能一直如是持續；那麼，你在此狀態下所唸誦的迴向發願文，威力也會非常強大。但若我們目前尚無法做到，那就用勝解之心來思惟並做如下之觀想：「請上師攝受我、加持我，我現在還是一位凡夫，但上師會加持我、攝受我。」

次第七、上座下座時，永不離上師

一般而言，我們要做到平常不離開上師的攝受。因爲這能累積廣大的福報，是故，我們要隨時觀想上師與我們同在：走路時，上師在自己的右肩膀；享用食物時，上師安住在自己的喉嚨，是我們供養的對象，而我們也藉由供養上師得到福報；誦經修法時，上師在前方虛空中，是我祈請及禮拜的對象；睡覺時，上師在自己的心間，祂的內心跟我的內心在一起，無二差別，在這觀想之下入眠，入眠之後自己的心識就會融入光明之中，是非常好的緣起，會對將來的證悟很有幫助。

如果能打從內心，以虔誠恭敬的心來觀修及憶念自己的上師，其功德將是無量無邊，就像法本上所述：「觀修無數次的本尊，不如剎那間憶念自己的上師」，道理就在這裡。修上師相應法不要對上師起邪見，要以虔誠恭敬心觀想，並憶念自己的上師爲眞實的佛陀，自然就可以納受許多的加持與成就。比方說，不要違背上師的吩咐；這並非教條主義，從古至今有許多的例子可說明。再舉那若巴爲例：當那若巴尊者證悟後，他內在的證悟已與上師一樣高，在他學成後要離開上師時，上師交待他：「你現在證悟了，要做什麼都可以，就是不能做護門班智達。」當時是佛教和外道都很鼎盛的時候，外道會來辯論，四個門派都各有一個學者，用辯論的方式守護著佛學院，這稱之爲「護門班智達」，其中又以北門的學者最是厲害。當時，那若巴雖然答應了上師，後來卻違背了他對上師的承諾，還是跑去當了護門班智達。當時有外道來找他辯論，那若巴快要辯輸了，當時這是很緊急的事，因爲輸的一方需歸順贏方的宗教，那若巴極爲苦惱，沒有辦法之下只好虔誠祈請帝若巴上師。上師帝若巴應祈請出現後，便問那若巴有什麼事？那若巴據實以告，帝若巴雖然指責那若巴違背了上師的話，但還是幫助了那若巴，並交待他：「辯論時，只要觀想我在你頭頂上，就可以辯贏了。」之後，果眞那若巴就辯贏了。這例子是告訴我們，即便是成就者，也是不可以違背自己的承諾。

以前，據說有位格魯派證悟的上師教導了許多學生，其中有位學生也當了師長。有天他的上師剛好來巡訪，這個學生態度並不是很好，當作沒有看見這位上師。到了晚上，上師就問弟子：「你看到我怎麼沒有行禮？」弟子就回說：「我沒有看到你。」說完當下，眼珠子就掉下來了。這雖然是故事，但在藏傳佛教裡，違背自己的上師會有許多不好的效應，這並非規定或詛咒，只是一個基本的原則，這就是上師相應法的精華！實際上，這些大家都可以做得到，做不到就會產生許多過失，若是在法上面說謊的話，罰責就大了。

所以請各位要對傳承及上師確實生起虔誠恭敬心，以這樣的心態來修持上師相應法。如果我們是用凡夫的思惟來修上師相應法，就得花比較久的時間才會有成就，所以在上師相應法裡要觀想自己的身心化爲空，然後逐漸形成本尊馬頭明王父母尊，之後來做上師相應法的修持，來清淨身爲凡夫的執著與不淨。

在此所傳授的是蔣揚耶謝桑給於火狗年在自己的處所「謝嘎」書寫圓滿，完成於猴月大伏藏上師密意融入本淨法界之紀念日，願此成爲證悟上師體性之因。

蔣揚耶謝桑給仁波切爲不丹第六十五任的國師（Je Khenpo 介堪布），現任的不丹國師爲第七十任，所以距離現今，歷史並未很久遠。蔣揚耶謝桑給尊者爲多傑林巴法脈，擁有完整的多傑林巴傳承之灌頂、指導跟口傳，因他整理多林傳承大圓滿前行法，此法才可以完整流傳下來。他的大弟子爲堪祖蘇南給稱仁波切的親叔叔（第十世布薩祖古）雅旺天津仁波切。第十世布薩祖古雅旺天津仁波切從蔣揚耶謝桑給尊者處得到了完整的灌頂、指導跟口傳的法脈，堪祖蘇南給稱仁波切再從叔叔雅旺天津仁波切處得到多傑林巴完全的教法，所以這個教法現在還能夠流傳下來而從未中斷過，主要是蔣揚耶謝桑給尊者的恩惠，他的恩惠及貢獻極大！

10
淺談禪修

釋迦牟尼佛傳法的三大類門，也是我們所說的三轉法輪。初轉法輪傳四聖諦法輪，第二轉法輪傳空性無性相法輪，第三轉法輪傳善分別法輪。三大法門細分約有八萬四千多個法。

第一種法門（初轉法輪）就是傳四聖諦的法輪。四聖諦即苦諦、集諦、滅諦與道諦，釋迦牟尼佛說：「三界的輪迴一切都是痛苦」，我們必須要瞭解這種痛苦，而後遠離這種痛苦，世尊傳授了四聖諦法，也稱爲小乘的法門，脫離輪迴的方法，則爲四聖諦無常十六形象法。

四聖諦

四聖諦法門裡，第一是「苦」諦，什麼叫做苦？爲什麼會受這種痛苦？痛苦是什麼？我們必須要瞭解在三界輪迴當中的種種痛苦，而想遠離這些痛苦。要先瞭解這些痛苦的因，痛苦是從何產生的？

第二是「集」諦。痛苦是產生在業力跟煩惱當中，你想要能夠遠離某一個痛苦，先要對治這個「集」的業跟煩惱。我們要如何對治呢？對治力的法門就是第三個「滅」諦。

第三是「滅」諦，由觀修證道的法門來對治煩惱。當我們徹底消滅煩惱之後，會得到一個果，即爲「滅」諦。

第四是「道」諦，就是證得菩提果或者是證得正等正覺的果位。

總結來說，初轉法輪的四聖諦皆是說明因果業力眞實不虛的法門。四聖諦裡先是「苦諦」，第二是「集諦」。這兩個都是佛教的「見地」——身爲一個佛教弟子，已經入佛門、也接受皈依，若不瞭解佛教的「見地」是什麼，嚴格來說稱不上是佛弟子。所以應該要瞭解佛教的「見地」、「修」跟「行持」。

「苦諦」是什麼？業力跟煩惱產生了痛苦，就是所謂的苦苦、行苦、壞苦，這三種的痛苦。釋迦牟尼佛也講到，是誰在受這種的痛苦？是六道眾生，包括三惡道（地獄道、餓鬼道、畜生道）及三善道（天、人、阿修羅道）。那麼，痛苦從那裡產生？

近的因就是無明與因緣、緣起，因各種的業力及煩惱而產生各式各樣的痛苦，造成我們必須承受不同的痛苦，一切都是因爲什麼因，而形成什麼果。

佛教的見地──因緣緣起

佛教的「見地」，基本就是因緣緣起的法門。萬法都是因緣所緣起，是互相依靠而非獨立的法，所以有「男」這個名稱，就會有「女」這個名稱；同樣地，有「父母」的名字，就會有「子女」的名字，一切都是因緣所緣起、而非獨立的。釋迦牟尼佛如是開示：因緣所緣起的法門一定都是「因」跟「果」所形成，而所產生的痛苦。

所以我們可以簡單地說：釋迦牟尼佛提到六道眾生在承受種種的痛苦，痛苦由何而生？是由我們自己的業力跟煩惱所產生，這是佛教的「見地」。

輪迴本質上就是一種痛苦的存在，所以我們學習佛法是爲了要遠離這種痛苦，而非口頭上或表面上去學習佛法；我們應該從「心」中，也就是出於對輪迴的恐懼以及輪迴所帶來的痛苦而產生厭倦，想要遠離這種輪迴的痛苦而去學習佛法，這樣的心態與目的十分重要。當我們在學習佛法時，如果沒有如理如法的心態與動機，或是沒有深刻體會到佛法的精神，那我們學習佛法的目的，可能就是求得天道、或僅止於解決你現世中的一些困難，或是化解一些不順的障礙；以這樣的動機學習佛法，不可能證得正等正覺的如來果位，也就是雖然行爲上學習佛法，卻不見得可以得到正等正覺的果位。

我們的心態上須如同出家一般，而出家的動機就是出離心，對輪迴的痛苦有厭倦的出離心來出家，才是眞正的修行。如果沒有出離輪迴的心，只是爲了短暫躲避一些問題或者尋求短暫的快樂而出家，不可能達到正等正覺的果位。

釋迦牟尼佛在世的時候，曾經有個堂弟叫做難陀，他的妻子長得非常漂亮，他非常愛這個妻子，因此釋迦牟尼佛怎麼勸他出家，他都不願意，因爲他不願意離開他的妻子。釋迦牟尼佛有一天想到一個辦法，帶難陀到天界去；當他到了天界，看到了天女長得非常美，遠比他的妻子美麗一百倍，之後，他就對他的妻子產生了負面的看法。難陀爲了要能夠來世能生到天界以得到天女，開始願意出家學習佛法。從行爲上來講，他也可以說是在學佛，也受了出家的戒，並且對戒律也如理如法地遵守，但釋迦牟尼佛對其他的出家眾說：「你們不可以與他一起吃飯、聊天跟生活」。什麼原因呢？因爲他雖然在修行，但是動機不正確！

後來，釋迦牟尼佛爲了改變他的修行動機，帶他前往地獄道。他看到了地獄道的各種痛苦，最後在地獄道的另一個角落，有個很大的空容器，裡面有銅漿，周邊有閻羅王、夜叉在那裡等。他問閻羅王、夜叉：「你們在等什麼？其他地方都裝滿了眾生，爲什麼這裡是空的？」

夜叉告訴他：「因爲現在人界有個釋迦牟尼佛的親戚在修行，他修行的目的是爲了能夠生到天道，等他天界的福報滅了之後，他就會投生到地獄裡面，那時候他就要來這受苦了。」難陀聽了之後非常恐懼，此後，他修行的動機就改變了。

所以不管是在天界或是地獄，任何地方都離不開輪迴的痛苦，若想要遠離一切痛苦，不只要厭倦三惡道的痛苦，包括天界、人界的幸福和快樂都不可求，必須是爲了能夠證得解脫或者究竟的果位而如法修行。難陀修正動機之後，遂得到了羅漢的果位。

我們也是如此，雖然自稱在修行，但是修行的動機若只是爲了某個短暫的利益或化解障礙的話，是沒有辦法達到眞正的正等正覺果位。因此我們一定要發自內心地想要遠離輪迴的痛苦而去修行，要厭倦輪迴的一切；舉例來說，就像一個人得到了某一種病，看到非常油膩的或者是死臭的肉，就會想要嘔吐或者是感到厭煩。同樣的，我們看到輪迴的種種痛苦並產生厭倦後，才會想要去修行佛陀的眞法，我們要有這種出離心跟決心。

明白三界輪迴就是痛苦的本質，想要遠離這種痛苦就要修行，我們要生起這樣的決心跟信心。這些痛苦都是因自己的業力與煩惱而產生，業力是「因果」所緣起的，這個法門稱爲佛教的「見地」，亦即種了善根的因，產生的就是快樂的果，反之，種下不善的、惡業的因，產生的就是種種不幸的痛苦；一旦相信並且具有信心，這就是佛教的「見地」。所以在建立「見地」之後，要開始修正自身的行爲，如果沒有修正自身行爲的話，因爲我們的行爲在累世中都有沾染污濁的習氣，在這樣的習氣中容易導致放逸，之後就會成爲我們墮入輪迴的因。

舉例來說，我們的行爲會執著於色、聲、香、味、觸，其中眼識的對境就是色，譬如眼識看到美麗的色就容易執著，因而造成痛苦；一如蛾喜愛燈光，會靠近燈光，當牠看到酥油燈時會飛進燈裡，因此被燈火焚燒致死，這就是執著於這個色所產生的痛苦。耳識執著於聲音，特別是喜悅的聲音，譬如野生動物執著於笛子的樂音，當獵人吹笛子時，動物就會專注在樂器的聲音上，喪失了警戒心，因此容易被捕獵。鼻識執著於味道，就如蜜蜂執著在蜂蜜上。舌識執著於美味，如魚執著於美味的誘餌，就會被釣魚鉤捕獲。觸覺的方面，就像大象執著於泥巴，喜歡在泥巴裡面洗澡或者翻滾，但也可能因此而陷入泥沼之中，無法脫身。

由上述的例證可知，我們在行爲上一直都有著執著心，在這種執著當中，我們累積了種種染著的習氣，惡的習性與行爲，成爲讓自身墮入輪迴的因。所以自身的行爲要去改變及調整，對色、聲、香、味、觸不能產生執著。

但這並不是說，我們不能有色、聲、香、味、觸的覺受，它們仍然可以存在；因爲這些對境的相本身並不會影響我們，最主要會影響我們的，是我們對這些方面的罣礙和執著，這才是產生墮入輪迴的因。總歸來說，佛教弟子必須要瞭解，佛教的「見地」就是因緣所緣起的，多多思惟「一切都是因緣緣起，因果與業力眞實不虛」的道理，並且要有信心；在有了這個「見地」之後，才不會造作一些身口心的業，一旦瞭解「見地」（因緣緣起的）之後，自身的行爲就會遵守戒律，也不會去害人或造成罪業、惡業等。一切的言行都不執著或不罣礙於色、聲、香、味、觸，這才是眞正的佛弟子，也才可以被稱爲眞正的修行人。

佛陀說了八萬四千多個法門，這些法總結來說，就是不造任何一切惡業，如法地累積善根並且降伏自己的心，這就是如來的教法。所以，能對「見地」跟「行持」加以控制，才可稱爲修行人或是如理如法的佛弟子；反之如果你的「見地」與「行」不能如法的控制，就只是表面上的佛弟子、表面上學習金剛乘的修行人。而如果你對佛法基本的「見地」跟「行持」都沒能如法地去實行，不要說是金剛乘，就連如法的佛弟子都談不上。因此，我們要時時刻刻讓自己如法地遵守「見」跟「行」，這是十分重要的一點。

有了佛法的「見地」跟「行持」之後便開始入道，稱爲「道」諦。基本上，小乘所說的修行之「道」就是四聖諦，也就是無常十六形象的「道」；以大乘的法門來說，是指透過「五道」與「十地」來逐步觀修而後證得菩提果。而金剛乘的「道」，則是透過元淨堅斷的法門跟自成頓超等方式觀修，來獲得虹光身的果位。這些都可以算是「道諦」的法，這些法門都是依照自己或者依照眾生的上根、中根、末根不同的根器而傳授的道法。

「道」法有「上士道」、「中士道」、「下士道」，我們要修「道」的法門是要依照自己的根器去選擇適合的法門，並不是說，要證得佛果一定要修「上士道」才能證得佛果，而修下士道就行不通；每個「道」都可以到達目的地，都能證得正等正覺的果位，不同的道，終點是一致的，只是修行的方式不同以及時間上證得佛果有快慢的差別而已。也因爲眾生的根器不同，佛才傳授了各式各樣的法門，這些都是「道」諦的法門。

不論我們修「上士道」或是「下士道」，都應該要先修心，因爲轉心十分重要，我們的心要能轉化趣向佛法。以「上士道」的方式來講，轉心的辦法就是大圓滿前行法的法門。在大圓滿前行法裡面有消除身業障、口業障的的善巧法門，它是前行的法門。而「下士道」，並無所謂的前行或者加行法，大部份是從止觀開始禪修而入禪定，所以禪修即是可以讓心靜下來的一個法門，心靜了之後，心就不會跟著染著的念頭走，心能夠被掌控。此處的掌控並不是把心定在一個地方或者一個點上，而是心能夠自在。而這樣的善巧法門就稱之爲禪修或觀修。

以「上士道」來講，大圓滿前行法觀修完成之後就會進入正行的法門，而前行就是修心的善巧法；若非藏傳佛法或「上士道」的法，一般而言「禪修」就是一個修心的主要善巧法門，即修心的前行法，禪修後你的心能夠靜下來，靜了之後才能夠眞正的修正我們的心。

基本禪修方式介紹

關於禪修，如果各位有修大圓滿前行法，則依照大圓滿前行法的順序來觀修即可，也就沒有所謂禪修的問題。倘若沒有修大圓滿前行法而特別想要修心，又或者你本來就在修大圓滿前行法，但想要另外再加強修心，也可以經由禪修來學習。

禪修時身體姿勢十分地重要，一定要保持端正；身體的姿勢端正與否是會影響心態，因爲身心有著密切的關係；如果身體的姿勢無法保持自在輕鬆，也會影響到心無法保持清淨自在。所以，身爲如法的禪修行者，我們的身體需採行「毗盧七支坐」的坐姿如下：

㈠雙腳金剛跏趺坐；㈡雙手結定印；㈢脊椎伸直；㈣肩膀放鬆；㈤頭部要微往前傾，下巴微收；㈥舌頭抵上顎；以及㈦眼睛望向鼻子前方的虛空處。這是大日如來佛的坐姿，修行者可以藉由這樣的姿勢來帶動自己的心，讓心能夠隨之沉靜下來。

我們的心，亦即念頭，是跟隨著身體的「氣」或者說是「風」的走向而動，故心跟「氣」有著十分密切的關係。「氣」住在那裡呢？氣是住在脈裡；而脈依靠著什麼？脈是依靠著肉體。所以把氣調好，可以幫助自己的心；而氣流通在脈裡，因此脈直，氣就會順暢；而脈又依靠肉體，故身體姿勢端正挺直有助於脈。由此可知，禪修的第一要務就是身體要端正，身直脈就直，脈直氣就順暢，氣順暢就會幫助心靜下來，心靜下來就不會有浮動的情緒，這也是為什麼我們如此強調姿勢的重要性。

當姿勢調整好之後，可以先進行九節佛風調呼吸。若修行者未學習九節佛風，則可以按照前述毗盧七支坐的方式，在身體姿勢端正後要先吐氣，吐氣的同時，觀想把身體內染著的穢氣用力吐出，而後再緩慢吸氣，氣灌入丹田之後閉氣。氣有分上行氣（上半身的氣）及下行氣（下半身的氣），上下行氣在丹田融合在一起，也就是將氣閉鎖在丹田；若修行者對氣不是那麼熟悉，要將氣閉鎖在丹田會頗為困難，所以只能用觀想的方式，觀想把染著的氣用力吐出，然後大自然的氣進來後穩住在丹田之中。要注意的是，這裡的閉氣並非要我們停止呼吸，只是觀想在丹田中閉氣，然後仍是按著平常的節奏呼吸。

假如禪修沒有結合儀軌，只是要修心。當你有瞋恨情緒浮現時，或是你可能產生了愚昧或者是貪著的情緒時，心會非常浮動，容易有複雜的念頭跟情緒產生；此時，我們可以先吐氣，觀察自身的情緒，如果是瞋恨的情緒，那吐氣時觀想自己將瞋恨的情緒吐出，若是貪著的情緒，就觀想自己將貪著的情緒排出去。所以貪著及瞋恨念頭的對治法，則是觀想如慈悲、忍辱等這些能量，因此吸氣的同時，把慈悲、忍辱等正能量吸進來，用這樣的方式來去除貪著、瞋恨，改變情緒而使心寧靜下來。

這些方式並未配合儀軌一起實修，而是針對修心，讓心能夠靜下來的一個法門，讓心暫住在情緒上，然後吐氣、吸氣，用這樣的方式來對治。嘴巴跟鼻子可以同時吐氣、同時吸氣，不必刻意閉起嘴巴，採行自然的姿勢即可。雖然嚴格說起來，我們修氣功時絕對不可以從嘴巴吐氣，但因為我們現在只是在修安止禪修，使心靜下來的法門，所以這個部份並不會有太大的影響。

修心禪修的重要次第是專注在念頭上，不論是瞋恨、貪著或是愚昧的念頭，透過吐氣吸氣的方式一念專注。如果你的念頭可以專注，也就是你吐氣、吸氣並且把心攝在情緒上，熟悉這樣的練習後，就可以進入下面的步驟：

1. 在自己前面放水晶、珊瑚、法器（如：普巴杵、鈴）或酥油燈等選一種物品。

2. 心攝在你前面的物品上，一念專注，沒有任何念頭地專注在那物品上。

透過這樣的練習，讓我們的心收攝在這些對境上，念頭就會逐漸消失，心便可以沉靜下來。

進階的禪修就是無相禪修，也就是沒有對境，直接在心裡面修，在心裡觀想一個畫面的方式來修。在禪修的次第上，一定要先滅掉染著的、不好的念頭；然後產生好的念頭、善的念頭，接著好的念頭也要斷滅，不可執著在好的念頭；之後在沒有任何念頭當中靜下來，在自性當中安住。

在禪修的過程中，我們也可以輪流用不同的方式實修，有時候你可以專注在呼吸方面，有時候你可以專注在對境的物品上面，有時候可以專注在內心，觀察心或念頭是從哪裡產生的、安住在那個地方，之後斷滅在那個地方。

我們緣取的對境是物品，眼睛可以注視該物品，但不一定要長久持續觀看它，有時可以眼睛稍微閉起來觀想片刻，切記正確的禪修是不可以閉眼禪修的。如果我們緣取的是無相，則觀想修行上所熟悉的畫面，這是可以調整的。舉例來說，假如我們在修無相禪修或者無緣取禪修時，如果這樣的禪修容易讓你產生念頭，無法觀想或者無法讓你的心專注，在這樣的情況下，就一定要採用有相禪修，眼睛需要看到物品，來幫助自己不要產生念頭，待熟稔後，再把有相的對境去除，用無相的方式來觀想，這時可以幫助自己把念頭滅掉。但若是仍會產生念頭，那就要再一次把有相的東西放在自己面前觀想，待無念後再將有相的東西拿掉，再用觀想的方式來練習。不過，若是你內心已經熟悉這樣的方式，也就不需要這個實物了，可以在心中觀想這個物品即可。

初期在禪修時，都會認爲自己一定不可以有念頭、一定要斷滅這個念頭，以強迫的方式去斷滅念頭。但實際上，我們不一定要用強迫或者很費力的方式來斷滅念頭，也可以採用觀修禪修的方式。舉例來說，在禪修當下可能會聽到聲音，無論是狗吠、車子行進或者其他的聲音，修行者就讓念頭跟著聲音走，走了之後再回來，回來之後就可以安住在心上；所以不必刻意去斷滅這個念頭，自然的隨順即稱爲「自住」，安住在原始的點或者是以自然的方式來禪修。

很多修行的人在禪修上常遇到的問題，在於一旦開始靜坐或者打坐時就會妄念紛飛，或者觀想本尊變得很困難，或者念頭無法斷抑或閃避；尤其初學者更是如此。所以對初學者而言，應該先不要去閃避念頭，可採取順念而修，因爲禪修本身也是一個念頭，所以一定是用念頭來對治這個念頭，或者說以念頭來觀念頭；禪修本身也離不開念頭，初學者不可能馬上就達到生起次地，也就是觀想本尊時能一清二楚地示現出來，所以應該先隨順這個念頭，姑且不管念頭是好的或者是壞的，然後再逐步地改變，使它成爲一個好的念頭。成爲善的念頭之後，再開始去控制念頭，之後是靜，最後達到滅寂。

隨順念頭的安止禪修

關於隨順起念禪修，我們舉例來說明：有些人孔武有力，所以跟別人打架時，剛開始很能打，但打到後來他們沒有力氣了，就會放棄。我們的心在起念頭的時候也是這樣的情形，隨順它、讓它自由，最後它自己就會自然而然地消失了。這也是一種禪修的方式，但並非每個人都適合這種方式，端視個人念頭的情況而定；假如你念頭不斷地產生、而且越來越嚴重，那就一定要禪修有對治力的方法；譬如我們起了貪著的念頭，可能是你執著在美麗或好的方面，而且不斷地產生這個念頭，那對治力的部份應該要想著醜陋或不好的方面，去轉化它。又或者是生起了瞋恨的念頭，這瞋恨可能是由於別人講了一些讓你不高興的話、也有可能是別人的惡口讓你產生瞋恨，如果執意去思考這個情境，那瞋恨只會越來越增長。所以在這種情況下，你想要轉化念頭，得先去瞭解這種輪迴的本質是沒有意義的，或者自性是空性等，以各種方式來消滅念頭。

因此，初期打坐時不可抱持過高的期望，希望自己能夠觀想得一清二楚、或者是整個念頭能夠斷、能定，甚至心還可以控制。禪修高僧大德曾說過，初學禪修者的心要像手上的唸珠一樣，唸珠擺放在哪就停留在哪。所以剛開始學習時，是要學著讓心能夠靜下來，靜了之後若起了念頭，那麼就隨順這個念頭，不必刻意地去閃避它。

但是對初學者來說，光是隨順這個念頭也絕非易事，因此要逐步學習，先將不好的念頭轉化爲善，之後再修生起次第去觀想本尊、得加持等，達成將念頭轉化爲善、再自然而然地進入到圓滿次第；在圓滿次第時，你的心已經可以轉化、變化。修行者才可以掌控住心，能在一剎那間入定或者是進入狀態。因此初學者不可以剛開始就懷抱著很大的希望，想要一蹴可幾，應該逐步去練習，一開始不管是好或壞的念頭出現，先隨念而修，然後轉化念頭，接下來靜，這叫「安止禪修」；所謂的安止，即是指心能夠定、靜的一個善巧法門。

再舉例來說明，一個已有酒癮的人，請他明天立刻戒酒，這對他來說不但難如登天，也會影響他的身體狀況，所以即使戒酒也必須循序漸進、按部就班；同樣的情況也發生在有毒癮的人身上，戒毒一樣也必須循序地戒除。那麼更何況，我們貪瞋痴的習氣是從無始劫以來到現在都無所不在的，要能夠立馬斷除貪著、瞋恨、傲慢等這些染著的念頭，當然更加不易。

禪修並非一定要用那一種方式來修持，端看個人當下的念頭及觀修的方式而定。密乘金剛乘禪修，貪著要用貪著來轉化、瞋恨要用瞋恨來轉化，而波羅蜜法門在對治貪著，則是以觀想無常、或是染著骯髒等方式。一般而言，禪修一定要跟著上師，然後把在禪修中所產生的總總念頭去請示上師，再由上師逐步來引導我們觀修，練習及修正。

本尊觀修簡要說明

在禪修當中，我們的心如果能自在而能靜下來，將來即可結合儀軌來禪修，如觀想本尊等，因此觀想本尊也是離不開禪修。首先，我們要觀想我們原始具有的如來藏，這如來藏是平等，無所謂好或壞，也沒有造作，原始的本性就是一種空性、無礙、顯現慈悲的力量；所以我們在觀想本尊時，也是原始的如來藏，是空性。可以說是明空一體、或者是空性和慈悲的力量所投射，在經典裡做的比喻是如同照耀黃金的光，這就是心的慈悲力量。

一般凡人的慈悲是有限、有分別的，對自己喜歡的人或者是自己的家人，當他們不順或者生病的時候，你會覺得他們可憐；但對自己不喜歡的對象或者是宿敵，不管他們是在受苦或者流血，你也不會對他們產生慈悲。所以在此所說的慈悲，是本性的如來藏、心之本性的慈悲力量，就像是照耀在黃金上的陽光遍灑一切眾生，怨親平等的眾生，須如是去觀修才是正確的。

無論觀修蓮花生大士、觀世音菩薩或是阿彌陀佛，任何本尊都需要先覺察祂們的本質是如來藏，而本心就是空性與慈悲的力量；行者透過觀想心間的種子字，將種子字轉化成我們所觀想的本尊，這樣即是將禪修跟儀軌連結在一起觀修的方式。因此，心如果能禪定，將心先靜下來，實修方面的觀修也會比較順利。

觀想本尊時，最先顯現的本尊稱爲誓言尊，而從法界迎請的本尊則爲本智尊；本智尊迎請之後融入誓言尊裡成爲一體，可以納受誓言的加持，不管是身加持或語加持等。接下來進入咒語的持咒，這時我們要觀想心間有本尊的種子字，這稱爲禪定尊。因此，我們要觀想本尊必須圓滿三等持，就是剛剛述及之誓言尊、本智尊、禪定尊。這是本尊的觀修，也是一種如法的禪定法門。

修持本尊持誦咒語，不論持修咒語次數有多少，持誦圓滿之後，我們所觀想的本尊則化爲空性，融入到種子字裡面，而慢慢的，種子字也化空、消失，此爲圓滿次第。所有的一切皆化爲空及空性，念頭不染著於過去、現在及未來，讓心靜下來而定在那裡。此時可以定幾分鐘或者是依自己的時間而定，在念頭還沒有起來或念頭還沒有產生前，觀想自己又回復到原來的觀想本尊，之後你所見到的一切都是佛、你所聽到的一切都是佛號，你的心裡都沒有離開慈悲與智慧，我們稱之爲見聞覺知，你的身口心時時刻刻都在淨顯當中。淨顯是密法的一個基本修持，如果能時時刻刻都有淨顯的心，就可稱爲是一位如法的修行者；如果沒有淨顯的心，卻說在修密法——就像在法會當中或者修法的當下修行，但離開道場後還是回復到一般的想法及行爲——這種作法，還是會染上輪迴的習氣。

修行者想要改變，必須隨時隨地有淨顯的行爲。前述即爲簡略的日常禪修之說明，若要詳細講解，則必須依生起次第並且結合儀軌來實修；但行者若是只想修心，可以先採行這種初淺的方式來修持。後面章節將會介紹完整的禪修次第。

11

日常生活實修之五種禪修瑜伽

之前已針對禪修方式做了簡要說明，希望大家能先有初淺的瞭解。以下將介紹的五種禪修瑜伽，可以讓大家更容易的將禪修融入於自己的日常生活中，逐漸實修之後慢慢的使禪修成爲生活的一部份，而形成好的禪修習性，爲將來的進一步修行打好根基。

睡前瑜伽

修持方法及步驟：

1. 觀想上師在我們前面上方的虛空之中。

2. 以四力懺悔之心來對上師懺悔自己這一天以及累世所有的罪業。（四力懺悔之詳細解說，請參見「金剛薩埵淨障篇」）

3. 唸誦上師長壽祈請文三遍。

4. 觀想上師化爲彩虹光從頭頂灌入，融入我們心間。

5. 上師之光團於心中逐漸縮小。

6. 心思勿渙散，切勿再掛念著今天所發生之事，一心安住於此微小之光團中入眠。

醒寤瑜伽

平時因我們生活忙碌，白天也充滿了貪念及瞋恨等心，因此不易有學習佛法之念頭及生命無常之感受。但當我們起床之際，是處於較安靜、平靜的狀態，較易生起出離心，也較易產生生命無常、意義何在等覺受，此時較易生起要實修佛法之堅固心意。醒寤瑜伽又分為外、內、密三種：

一、外醒寤瑜伽：身加持

透過九節佛風來觀修。（九節佛風之修持細節，請詳見「前行法修持前注意事項」等相關章節）。觀想所吸進之氣，均為十方諸佛之身語意諸功德加持，所呼出之氣，則將貪、瞋、痴、障礙、魔障等都排出呼出，呼吸調氣順序如下：

1.右吸左呼時：

呼出之氣為紅色，排除二萬一千種貪念及煩惱、四百零四種疾病、女惡魔鬼怪之傷害。

2. 左吸右呼時：

呼出之氣爲白色，排除二萬一千種瞋恨及妄念、八萬種阻礙、男惡魔鬼怪之傷害。

3. 同吸同呼時：

呼出之氣爲灰色，排除二萬一千種愚痴及煩惱、三百六十種疾病、中性魔鬼之傷害、邪惡引導者。

二、內醒寤瑜伽：語加持

藉由持誦母音咒、子音咒、緣起咒來清淨口業。（母音咒、子音咒、緣起咒，請詳見「前行法修持前注意事項」等相關章節）

三、密醒寤瑜伽：心加持

修行程度高者，其身口心三門與上師相合，內心明瞭一切均爲上師之顯現。一般人無法達到這程度，因此需要特別去調整及改造，我們要在內心如是思惟：生命無常、人身暇滿難得，對世俗之欲要少欲知足、對佛法要重視、要規律且鬆緊適中地長期持續修行；內心要對上師、教法有信心，要有利益眾生之想法，對待他人要態度溫和、言語柔軟，努力去除內心之妄念。如此努力去實修，便能逐漸地進步。

修持方法及步驟：

1. 醒來後，觀自己心間之光團從中脈往頭頂射出至前方虛空之中。

2. 上師、本尊、空行母遍滿前方虛空，手中搖著手搖鼓，敦促我們起床及發出鼓勵修行之話語。

3. 思惟生亡無常、輪迴過患，我們今天還能醒來是多麼地可貴，因此要下定決心，今天要努力實修、行善業。

4. 正在修前行法者，做完如上之觀修後，開始進入毗盧七支坐、九節佛風調氣，並進行大圓滿前行法的修持。

盥洗瑜伽

亦稱沐浴瑜伽，結合觀想、持咒、盥洗同步進行。

修持方法及步驟：

1. 觀想摧破金剛或金剛薩埵於前上方虛空之中，其外表雖顯現為摧破金剛或金剛薩埵，但其心本質為上師。本尊手持寶瓶，寶瓶流出甘露從我們頭頂灌下洗淨。

2. 也可觀為本尊心中放射出光芒、照射四周供養天女，天女手中所持寶瓶流出甘露從我們頭頂灌下，為我們洗淨。

3. 持誦摧破金剛咒或百字明咒邊盥洗，觀此甘露水洗淨所有障礙及穢氣。若觀前方虛空為摧破金剛則持摧破金剛咒；若觀為金剛薩埵，則持百字明咒。

飲食瑜伽

對已具高度證悟之修行者而言，「食物」本身已無好壞之別，均為具百種滋味之甘露，「身體」則為無量宮殿，內有本尊、壇城聖眾，所以這些食物是對祂們做供養，不需再特別做觀想及唸誦供養文。但一般禪修士尚達不到此程度，故飲食前，食物就需要藉由一定的程序來淨化及祈求加持，將食物轉化為甘露後再供養三寶，然後再享用。如此一來，不僅自己可獲得飽足，也可因供養上師、三寶而累積福報。

若爲出家僧眾，這一個步驟更爲重要，因爲其所有享用均來自十方信眾的供養，而消化信施是很容易產生業報的，故須藉由觀想及功德迴向之方式來去除消化信施之可能的罪業；也是因爲消化信施之罪業重，所以在接受供養時，必須更十分謹慎。就出家眾及修行者而言，一不謹慎，很容易會犯下此種罪業，也因此在很多祈請文中都會特別提到：「希望信施之罪業情形不要發生。」

有些師父或修行者在接受供養及修法時，並未特別想到要迴向功德主，而只想到自己之所求所望欲望。而除了僧團會遭遇這類問題之外，一般的中心也會，因爲中心也是類似僧團，都是在從事佛行事業，也都會有功德主的贊助及捐贈，一不小心就很容易沾染到這五邪命，所以皆須特別小心謹慎地處理。

飲食瑜伽修持方法及步驟：

1. 觀想食物被甘露水灑淨後也變爲甘露。

2. 唸誦供養文來供養上師、三寶。

3. 上師、三寶賜予加持後再享用。

備註：「五邪命」於龍樹菩薩所著之《大智度論》中提及。

（新譯）詐現威儀、諂媚奉承、旁敲側擊、巧取訛詐、贈微博厚。

（舊譯）詭詐、虛談、現相、方便研求、假利求利。

行持瑜伽

就已證悟的成就者而言，已無取、無捨，無好壞善惡，內心已證悟平等心。但我們一般世俗之人，最多只能做到「相隨順」，也就是「相類似之行持」：行為小心謹慎、行善去惡、不傷害他人、不造做惡業、行為調伏等等。在經典上也提到，如果不小心動作粗暴，往往也會造下很多的罪業。例如：突然用力關門、身體揮舞太過強烈等。這些乍看之下也許並未對別人造成實質的傷害，但事實上，有時可能會傷害到中陰的眾生或鬼怪邪祟。因此，我們日常的言行舉止都要儘量調伏、要小心、不要粗暴。假如能做到「寂靜調伏」的菩薩行持，那就更好了。不過，倘若外表行徑雖然很文雅、說話很動聽，但都是為了贏得美名或為達某些目的而偽裝出來，並非真的表裡如一，那麼反而會累積惡業，會種下將來變為惡魔的業因。

相反的，若是因爲特殊狀況，須現忿怒相才能利益對方，此時假如內心仍然能保有愛心，這是可以的。只不過我們大部份的人很難做到這一點，一般而言，我們多是因爲內心已被忿怒所影響，才現出忿怒相。對於忿怒，我們要非常小心，因爲起了一百個貪念之心，都還比不上起一個忿怒之心的業力還大，瞋恨之心所造下的業力非常強大，這也是墮入地獄的主要原因。

12

禪修精要九次第指導

調整內心動機

首先，將內心的思惟安置在為了使遍滿虛空一切的為母有情眾生脫離輪迴的痛苦大海、幫助他們得到圓滿的佛果！這是我們要努力去做的。內心需如此思惟並且產生廣大菩提心的動機，以此動機來聽聞教法。

佛陀針對禪修主題開示的教法非常多，教法重點都是指向於「如何降伏自己的內心」。佛陀也開示：「如果不能調伏內心，見地再多又有何用？」因此很多禪修法的重點，都是在於如何調伏自己的內心。由此可見「如何降伏自己的內心」是多麼地重要。佛法的基本核心是「業力因果」，一切皆由「因」產生「果」，這是自然的現象。以實修的關鍵部份而言，想得到圓滿的佛果，不能只俱備少許的功德，也就是說，想以小小的「因」得到圓滿的「佛果」是不可能的；就實修而言，首先要有所「瞭解」才能進行「實修」，這是成就佛果的一條不共道路，大家必須對其加以重視。如果沒有「實修」，則欠缺成就，自然就不會「成就佛果」。

因此，如何透過實修來降服內心的實修教法即為「禪修」，印度話稱之為「三摩地」，中文翻譯為「禪定」，意思是「等置」（平等的放置）或「等持」（平等的維持）。其中「等置」

最能符合「三摩地」的意思，即平等的放置於對境上，沒有摻雜貪瞋癡等妄念、而是直接趣入對境，安住於其上。

現在特別分成九個次第，來探討禪修精要的次第。

1. 「禪定」的意義爲何？何謂「三摩地」？

2. 「禪定」的分類？

3. 如何修「安止」？修「安止」對我們有何幫助？

4. 修「安止禪定」，需要有好的順緣及其外在助緣的禪定資糧。

5. 如何做好身體的關鍵？實修時想要產生禪定，一定要靠「身體」和「內心」這兩個部份；但最主要還是「內心」，因禪定是由內心所產生，而「內心」又依靠著「身體」，所以不能不重視「身體」，所以我們也將說明「身體」的關鍵要點。

6. 俱備「身體」的關鍵，能產生什麼利益？如果不俱備，又會產生什麼問題？

7. 九住心次第之「有相及無相禪修安止」。

8. 圓滿禪修次第時，內心會產生的五種覺受。

9. 「覺受」出現時，什麼情況是好的功德？什麼又是不好的毛病？

第一、何謂「禪定」？

「禪定」是中文翻譯後的名稱之一，與「等持」、「三摩地」等意思相同，都是指內心要保持安住。其中修持的過程，就是所謂的「修禪定」。然而因爲「內心」是無形、看不到的，是所謂的「隱蔽法」，要使其安住委實有些困難。在此情形下，我們就借用「推理的方式」。

首先，在內心先有個需要去瞭解的對象，即「對境」。而「等置」的意思，是內心可以很自由、自主、很平穩的放置在對境上。倘若一個人能完全控制自己的內心，不會受貪瞋癡慢疑的影響，平穩的放在對境上，並能區分對境的好壞時，稱之爲「行者」、「禪修士」或「大修行者」，原因是其內心已能自主。然而，倘若還無法控制內心，就算瞭解佛法、也能講解佛法義，仍然不能稱爲行者或禪修士。但若是內心趣入於對境，一剎那即可安住在對境上，安住多久都可以，而不會受妄念影響，這種情形就是禪定堅固的徵兆，表示已得到了內心的自主性，所以禪修就是希望能掌握內心的自主性。

第二、「禪定」的分類

「禪定」大致分兩種。第一種是依「對境的形象」所產生的禪定。第二種是依「內心的實相」所產生的禪定，即是「圓滿次第禪定」。圓滿次第有兩個重要核心，即是「安止」與「勝觀」。

以成就佛果而言，「佛陀」的意思是指「廣大的覺悟」。「廣大」指的是功德完全圓滿，「覺悟」指的是把毛病、過失都消滅掉。而要想完全消滅過失、煩惱障等，需要靠「安止」；想消滅所知障和齊備圓滿功德，則要靠「勝觀」和「無我慧」。想要滅掉煩惱障及所知障礙，「安止」和「勝觀」一定要兼備才能達成。

第三、如何修「安止」？修「安止」對我們有何幫助？

禪定的力量之所以能在剎那間進入各式各樣的禪修裡，威力夠強大者甚至能把世間凡夫所看到的世俗所顯皆消滅掉，正是因爲修了「安止」。內心能產生菩提心，也是因爲修「安止」。大佛尊阿底峽即有開示：「如果欠缺安止，就不能產生神通；不能產生神通，就不能利益眾生。因此，要利益眾生就要俱足天眼通、天耳通、他心通、神足通、宿命通、無漏通，要得到這些神通，就要靠安止。沒有安止，就不會有神通。」由此可知，安止是非常重要而且對我們極有幫助。

一個念頭干擾都沒有、安住得很好，稱爲「堅固」或「住分」。一般而言，內心安住的力量都是不夠的，沒有「住分」，所以課誦法本時，大部份人處於昏沈、掉舉或胡思亂想的狀態。其實在實修時，一般法本上都有說明在唸誦法本圓滿時，應會有如何的功德及利益。例如：修了一個月應會有如何的證悟？即使如果沒有證悟也會得到怎麼樣的覺受等。但實際上我們發現，當我們實修完畢，不要說修一個月，即使修三個月、甚至六個月，也都沒有產生什麼特別覺受，問題就出在「安止」的部份沒有獲得堅固，內心本身沒有「安止」的能力。倘若沒有「安止」的能力，不管是唸誦蓮師心咒或是觀音心咒，充其量只能累積小小的功德而已，無法從實修中得到「共的成就」或「不共成就」。又或者做十分鐘的禪修，但實際上大概只有一分鐘是安住的；身體雖然是端正坐著，但內心卻是心猿意馬想著三時（過去、現在、未來）所發生的事。所以法本儀軌談到，如果持誦咒語聲音正確，則會有千倍的功德，內心有「住分」的話就會有十萬倍的功德；假設內心沒有「安止」的能力，不管坐多久，不論是「共的成就」或「不共成就」，都完全無法獲得，由此可知修禪定有多麼地重要！

第四、修「安止禪定」，需要有好的順緣及外在助緣之禪定資糧

實修禪定非常重要，而修禪定所需依靠的「因緣、原則」，就叫「禪定資糧」，資糧要齊備才能做禪修。一般來說，我們需齊備如下六個條件來做實修：

條件一：稱心如意的處所

需俱備五個要件如下：

1. 滿意的處所，也可稱爲「稱心如意的處所」。選擇修禪定的地方，不能在城市裡面，一般來說，是要在五百個弓箭的射程距離外、安靜但不荒涼、能容易取得食物、讓人心曠神怡、且能令內心舒適而不會感到心情緊繃的地方，才能好好做實修。

2. 不是小偷、強盜居住的地方。

3. 不是疾病流行的地方，假設到了一個安靜之處所，所在地卻有流行病在蔓延，就必須避開。

4. 處所的護關者必須跟自己的見地、行持及內心看法相隨順，誓言清淨且是守護戒律者。雖然不一定是守出家的戒律，但必須是安住在自己的戒律上，是誓言清淨、無摻雜質的益友，否則會對修行者造成傷害。

5. 與第一個條件相似，不能是在白天人聲鼎沸、夜晚則蟲鳴鳥叫的地方。必須是個安靜的所在。

條件二：少欲

要減少自己的欲望，不可一直追逐自己所需的衣服食物等物品，足夠就好。

條件三：知足

不要追求太多，滿足於「有」就可以了。

條件四：事少

儘量減少煩雜事務。事情少才能做實修，如果平常公務十分忙碌，就沒有時間做禪修了。假設一位師父或行者花太多時間爲弟子講經開示、幫忙照顧學生的衣食住行等，可能會造成沒有時間做實修，這樣也並不可取。另外就世俗之人來說，如果花太多時間和朋友聊天聚會，使得自己過於繁忙，這樣也無法做實修。因此，不論是在家人也好、出家人也好，事情太多過於忙碌，都會造成實修的阻礙。

條件五：持戒

修禪定安止時，一定要「守護戒律」，這樣修禪定才能成功。戒律分很多種，例如出家有分比丘戒、沙彌戒等，而即便是一般未出家的修行者，也有在家戒律。總之都要守護住自己的戒律，內心經常要有守護戒律的想法，稱之爲「守戒」。簡要解說一般戒律的分類如下：

別解脫戒	傷害眾生的事情都不能做，如果違背則要做懺悔。
菩薩戒	以利他為基礎，要有「利他的想法」，要做「利益眾生的事」。
密咒乘誓言	假設修禪定者是密咒乘弟子或瑜伽士，則一定要守護誓言，如果違背則要做懺悔。事實上，密咒乘門的行者要完完全全的百分之百守護誓言是非常困難，因此要經常唸誦百字明咒，則較能恢復誓言。

以上是戒律種類的簡略說明，身爲修禪定者，自己要瞭解所守的戒律是哪一種。如果你是

一位佛教徒，但並未守上述戒律，那麼至少且最低的戒律就是：不做十種「不善業」，而努力去做十種「善業」，這樣也是守好戒律。總之，不管是哪一種誓言與戒律，自己都要好好地守護。

條件六：減少妄念

內心不要胡思亂想，要去除貪求的妄念。例如：我想要變成大人物、我想要有權勢、要有金銀財寶。內心追逐世俗名利，就是妄念，爲了達成這些世俗的目標會花費很多時間，這樣是不可能做實修的。

以上是禪定的原則和條件，這六個條件都很重要，所以叫做「禪定資糧」，我們要好好思考自己有沒有齊備，都齊備了才能做實修。

第五、如何做好身體的關鍵

「毗盧七支坐」是指毗盧遮那佛的坐姿，所以被稱爲毗盧七支坐，也稱爲大日如來坐姿或金剛跏趺坐姿。毗盧七支坐式是調整身體的七個關鍵要點：

1. 左腳在下，右腳盤在左腿上。如果不能雙盤，就做「菩薩跏趺坐」或是「蓮花跏趺坐」，即單盤，先盤左腳，右腳放置於左腳前方。

2. 雙手結禪定印：以右手在上，左手在下的方式雙掌交疊，手臂伸直輕鬆放下，手掌置於肚臍下方四根手指處，兩手大拇指相觸抵。

3. 背脊挺直端正，但不用力。

4. 兩肩放鬆，肩膀平穩，像老鷹展翅般兩邊翅膀呈水平一條線。肩膀先花點力氣提起，再放鬆並平穩垂下。肩膀要放鬆，不能有抬頭挺胸的感覺。

5. 下巴內縮。

6. 舌頂上顎，嘴巴微開。

7. 眼睛微開，不能完全閉起，視線落在鼻尖方向虛空，而非盯著鼻尖。

第六、具備「身體」的關鍵要點會產生的利益及不具備而會產生的問題

如果按照如前所述的毗盧七支坐姿，即可獲得其功德及利益。反之，如果沒有照著做，則會出現毛病和過失。現在簡單做一說明：

功德及利益要點：

一、平時我們每天呼吸約二萬一千次，氣息中有「下行氣」。結金剛跏趺坐能使其氣進入中脈，氣若能進入中脈，其「嫉妒之心」所引發的「妄念之心」就能被消滅掉。平常我們修法時（例如修前行法），就要觀想中脈、左脈、右脈，讓氣能匯聚進入中脈（中脈是在身體的正中間，從肚臍下四根手指頭至頂輪半拳高的位置）。要消滅忌妒煩惱，須讓「下行氣」進入中脈，而這就要靠結金剛跏趺坐姿了。

二、身體地、水、火、風四大種的氣都能進入中脈。

1. 如果兩隻手結禪定印，則「水大種的氣」可進入中脈，瞋恨之心的妄念即可滅掉。

2. 背脊直、肩膀平穩放鬆，這兩個關鍵可使「地大種的氣」進入中脈，愚癡念頭即可滅掉。

3. 脖子向內縮，可使「火大種的氣」進入中脈，貪念之心即可滅掉。

4. 眼睛視線落在鼻尖上虛空，舌頭頂住上顎，可使「風大種的氣」收攝到中脈，我慢之心即可滅掉。

身體要點不具備（例如身體傾斜）會產生以下過失：

右傾：首先，內心不易產生覺受，假使修行已久，即便有所覺受，也不會堅固。其次，無法滅掉「瞋恨之心的妄念」，易招來鬼王的傷害。

左傾：「快樂覺受」不會產生。即便產生，所伴隨的覺受也會造成嚴重的「貪戀的妄念」，而招致女魔傷害。

前傾：「無妄念覺受」不會產生，即便產生，伴隨而來的「愚癡妄念」會很嚴重，招致地神的傷害。

後傾：「風的覺受」不會產生，即便產生，也會伴隨「傲慢之心」的妄念，造成自己的傷害。當我們禪修時如果妄念紛飛，會導致心思渙散，造成內耗，臉色也會變得黯淡無光。

第七、九住心次第之「有相及無相禪修安止」

一般談到「安止」，「安」是寧靜、寬坦、輕鬆，「止」是內心安住在寧靜、寬坦、輕鬆的境界。這樣的境界不會馬上達成，但在尚未達到前，就要先透過身體的調整來安住內心。如果身體未調整好，譬如身體有病痛，這時就會有苦受、惡受、捨受等，內心會受到干擾而不安，無法平靜；所以首先，要把身體調整好。依前所述，「脈」依靠在「身體」上、「氣」依靠在「脈」上、「心」依靠在「氣」上；因此，身體的「脈」、「氣」、「血」達到平衡時，內心才會平衡，身體才會平穩，這是達到「安止」時才會有的效果。當我們做實修時，要如何辨別自己是否已達到這樣的效果及境界？若是依密咒乘門大圓滿的教法，達到「安止」時，天尊的壇城就會出現。若非密咒乘門而是下下宗義的話，則是輕安會出現。當在這些目標未達成之前，都要特別注意身體的調整，才能進一步的調整內心，這就是身體的調整如此重要的原因。

如果在調整身體的關鍵上做得好，就會產生覺受。覺受歸納起來大致分爲四種：樂、明、無念及空，也就是快樂、明晰、沒有妄念、空。假如沒有辦法實修得非常好，但身體調整得很好也會產生幫助。在沒有達到目標之前，先把身體四大（地、水、火、風）調整好使其平衡，自然不會有疾病發生，也不會受鬼怪邪祟的干擾，並有助於未來的證悟。

有相安止及無相安止的禪修分別

有相安止：即有所緣的「對境」，一般常用佛像、水晶球、上師或善知識的照片等來當所緣對境，藉此來修安止會有很大的幫助。也有人放自己的朋友或女朋友的照片當所緣的對境，雖然亦可以幫助你專注，但不能當作實修，因為他（她）會使你產生妄念和貪戀之心。總而言之，修禪定時緣取於一個對境，即稱為「有相安止」。

無相安止：無所緣對境，此時內心完全放輕鬆，一念不生，不追逐任何的對境或妄念。不論是有相或無相安止，其精要的部份都是「心要達到一念不生」！即「過去」和「未來」的念頭都沒有，不要去想後半輩子我要追求什麼功名利祿，只專注於當下眼、耳、鼻、舌、身、意、色、聲、香、味、觸、法。不論眼睛看到的是悅意或不悅意的色法，耳朵聽到悅耳或不悅耳的聲音，不管喜不喜歡，都不要去產生貪戀、瞋恨；不要去追逐五妙欲的對境，內心都能放輕鬆，過去、未來、當下的念頭都沒有，保持內心安住，此為修禪定的心要精華！

現代的禪修較強調「無相安止」的方式，一般認為這是比較容易的方式。無論如何，就初學者而言，練習時要「時間短但次數多」，不要一次坐很長的時間，因為如果時間太長，容易陷入昏沈且妄念紛飛，易爲禪修帶來危險。所以初學者一開始時間要短，大約一小時、半小時，甚至十分鐘就下座休息，或者把一小時分成好幾次來禪修，例如每次五分鐘。

現在，我們針對安止坐姿的部份來做說明，上座時切記如左圖原則：

部位	解說
手	雙手結禪定印，垂放在肚臍下四根手指頭處；兩手覆蓋安放在膝蓋上也是可以。
眼	眼睛微張，半睜半閉，稍微開一細縫，有光線透入即可。眼睛看著鼻前方虛空。
嘴	嘴唇不能緊閉，自然微微地張開，要使氣息能出入，嘴唇和鼻子兩邊都要有氣息出入。放輕鬆。
心	內心不要有任何念頭，但剛開始練習者內心一定會胡思亂想，這是正常的現象，我們只要做到「不要去想自己的念頭」，只要有這麼一個念頭就好，不要去在意它。心不要緣於呼吸上，那會變成「數息法」。
身	只要金剛跏趺坐姿能做得好，有沒有坐墊都不會有影響。

念頭的對治

初學者要達到「一念不生」、「無念」的境界是很困難的，因爲我們平常幾乎無時無刻都在妄念紛飛。對治妄念的方法就是禪修，但想要達到對治的效果還需要一段時間，而且禪修必須要有力量才行！

「妄念」也就是胡思亂想，這是以前所遺留下來的習性，而每個人的習性不同；因此，大家可以先分別想想自己喜歡的念頭，如此一來，腦袋累了之後自然就會停止胡思亂想，念頭就會空掉！現在不要去擔心或煩惱自己無法達到「一念不生」，因爲這本來就不可能馬上做到。反之，我們必須先做到「察覺到自己的念頭與念頭的出現」，初學者常常在自己的念頭已經出現長達四到五分鐘時，都還沒察覺到自己正在妄念紛飛。

因此，我們的首要目標是先察覺念頭。經常審視自己的內心並察覺念頭，當內心的正念正知及察覺能力逐漸增長後，再來慢慢地滅掉念頭。如此反覆練習，久而久之，就能在念頭一出現時就將它滅掉！在察覺自己的念頭產生時，我們可以先觀察及分析它的屬性：是「瞋恨」？「貪念」？還是「愚痴」？瞭解其屬性後，可用相對的「善的念頭」將「惡的念頭」滅除。如此一來，「惡的念頭」就會逐漸被「善的念頭」取代，這概念就如同黑色雲朵可將太陽遮住，但白色雲朵亦能遮住太陽。同時，當「善的念頭」也慢慢消失時，就能明白且看見自己的內心；這就好比坐船渡河，上岸後就不再需要船了，因此我們以「善的念頭」消滅「惡的念頭」，在達到目標之後，也不再需要「善的念頭」了。

在初學階段，不論付出多少努力都未必能立即產生功效，因此實修時，對於獲得證悟等成果，不應抱著很強烈的期望，不然會造成一種障礙。就初學者來說，花了時間實修，雖然看起來沒什麼具體效果，但其實遮障正逐漸減少，即便在練習禪坐的過程中妄念紛飛，實際無念的時間很短暫，我們的遮障仍然在逐漸減少，只是自己無法察覺。我們只要堅持依此方法長久觀修，慢慢的，效果就會發揮了，等你將來發現的時候，其實已經有很大的成效了。

「禪修」就是培養「習慣」，也就是「串習」、「維持自己的習慣」，只要我們每天都確實修行，蓋障就會逐漸減少。我們現在是因爲習性沉重的關係，因此有千千萬萬的妄念紛飛，猶如水晶球外包了千萬層破爛的布，使得我們看不見那顆燦爛的水晶球；但倘若我們每天都只撕開一片布，水晶球終有一天會出現，因此我們應該堅持日日禪修，好好地去串習，縱使只有十分鐘也可以，持之以恆，某天效果必定會出現！

剛開始禪修時，其重點並不在於「是否有念頭」或「是否妄念紛飛」。舉個典故爲例來說明：以前有一個弟子，上師指示他到山上閉關禪修，修了一陣子之後，他妄念紛飛得相當嚴重，於是他向上師報告這個情況，上師告訴他：「你現在開始做觀修，觀想自己頭上長了牛角。」，弟子表示：「我不能出山洞了，因爲頭上的牛角太長了，走不出山洞！」上師一聽到這狀況，這弟子返回山上後，依此專注觀想。一段時間後，上師派人去請這弟子回報實修的狀樣的回覆，便知道這名弟子已修鍊成功！因爲他內心堅固。當然，想著自己頭上的牛角雖然這也是一種妄念，但即使是有念頭，內心還是達到了「堅固」的地步！此時，上師再進一步指示他：「現在開始觀想牛角消失了。」

這例子旨在說明，剛開始禪修時的重點不在於內心有沒有念頭，而在於內心能否達到堅固！前面我們已講解過兩個修安止的方法：「有相安止」和「無相安止」。這兩種方式是針對有沒有「所緣對象」、有沒有「所緣依託處」（或稱「所緣依靠處」）來做區分。修安止還需要順緣齊備，例如前面我們談到的，禪修處所美滿，佛堂就是最適當的處所，是修法的順緣和非常美滿的處所。這些順緣都齊備了之後，就可以開始做禪修。

當我們要開始做禪修時，內心裡要先思惟：「今天，我是爲了使遍滿虛空的爲母有情眾生脫離三有輪迴之痛苦與煩惱，而來修九住心的安止；修成之後，希望我能夠看到內心的自性

（不造作的本來實相、本來面貌）。」要如此調整好自己的動機之後，才能開始做實修，首先要調整氣息。

呼濁氣

之前已講解過前行法裡的呼濁氣、九節佛風，因此，如果自己已經在修前行法，則可以直接進行安止禪修；如果還沒有開始修前行法者，只想純粹修安止的話，在禪修前就需要先調整呼吸，需先做「呼濁氣」的調氣，之後再開始修安止。先依照之前談到過的要點，循序漸進地來進行。首先，內心要放輕鬆，身體採毗盧七支坐法，接著進行「呼濁氣」。金剛跏趺坐姿屬上等的禪修坐法，如果覺得有困難，可改採半跏趺坐，就是單盤，再不行也可採舒服坐姿。而呼濁氣的方式主要有兩種：一種是前行法的九節佛風方式，另一種就是一般呼出濁氣的方式，這兩種方式都可以採用。

我們可依照如下步驟順序進行。首先，用右手食指壓住左鼻孔，用右鼻孔吸氣，並配合前行法的觀想內容做觀想。接著，吸進來的氣順著右脈慢慢往下沉，再循著左脈慢慢出來，也就是右吸左吐。之後，改壓住右鼻孔，用左鼻孔呼氣。如此重覆做三次。接著，再換左手，用左手食指壓住右鼻孔，用左鼻孔吸氣，吸進來的氣順著左脈慢慢往下沉，再循著右脈慢慢出來，也就是左吸右吐，一樣重覆做三次。最後，雙手放下不壓鼻孔，兩個鼻孔同時吸、同時呼。也是做三次，但在最後一次呼氣時，要把體內所有的濁氣全部用力呼出去。呼氣時，手掌和手指也同時打開伸直安放於膝上。以上是我們前行法中的九節佛風呼濁氣之方式，詳細的觀想及氣脈運走方式，大家可以參照前行法的章節內容。

另外一種呼濁氣的方式是：吸氣時手掌握金剛拳，兩手掌都放在膝蓋上；呼氣時，手掌和手指同時全部打開伸直。這兩種方式的差異是，前者的九節佛風，握金剛拳後安放在骨盤及大腿交接處上，後者則握拳後放在膝蓋上。兩種方式都可以。

這個階段主要是呼濁氣，當濁氣呼出去的同時，也把過去、現在、未來三時的念頭和妄念，全部排出去。呼濁氣的目的是讓內心清澈明晰。我們要在內心要很清澈明晰之後再開始禪修。要注意的是，當我們在進行呼濁氣時，也要端身正坐。

無相安止禪修說明

無相安止，是純粹用內心觀想某個對象。首先，將要進行觀想的對象安放在自己眼睛正前上方虛空大約一個手肘的距離處。觀想的對象，一般是釋迦牟尼佛、阿彌陀佛或大悲觀音；佛像不能太大。約四根手指橫疊起來的大小便可，或者剛好約手掌大，不宜過大，因爲如果佛像越大，心越無法專注於其上，所以觀想小尺寸的佛像，四到六根手指之間的大小，禪修效果會比較好。其次，所觀想的佛像尺寸及款式形象，從第一天觀修開始，每天都要固定，不能忽大忽小，這樣心才容易得到堅固！現在設定佛像的大小，這是爲了訓練專注及觀想，將來在本尊持修觀想上，修行者能更容易立刻生起本尊的法像來做觀想。

觀想佛像時，內心要配合所觀想的對象來做思惟。譬如用釋迦牟尼佛的佛像做爲禪修的所緣對境時，內心要如是思惟：「釋迦牟尼佛本尊已安住在我的正前上方，祂具大慈悲、智慧跟威力，雖然現在顯現出來的是這個形象，但是並無自性存在，是顯而無自性，具有三十二相、八十種好！」一定要相信是佛本身切切實實地安住在那裡，而不只是泥土或鐵做出來的佛、或是從我內心中觀想出來的！如果懷抱著強烈的信心，堅信是佛親自現前，以如此的勝解來做禪修的話，那麼內心就很容易得到堅固，也可以累積非常廣大的福報。

安止的實修並非只有佛教徒才有，在基督教、天主教、回教、印度的外道也有，幾乎任何宗教都有。因爲安止的目的是使內心能夠達到專一的安住，安止的訓練目的就是使內心堅固安住。因此，任何人、任何宗教都可以做這個實修以控制自己內心，達到內心能夠堅固安住的目的。但是當我們在講解安止的時候，還是必須先瞭解佛法的理論，因爲佛法雖然跟任何的宗教都不抵觸，但跟哲學思想還是完全不一樣的。

禪修安止的九住心過程

「九住心」爲**安止的實修方式**，是指內心如何安住。內心安住有九個順序次第。

在修安止的整個過程中須經九個步驟，稱之爲「九住心」，就是要把心住下來的意思。九住心的教法一定要經過這九個次第的過程，才能使內心好好安住，如同學習要經過九個年級，是一樣的道理！

●第一住心：內住

第一個是「內住」，這是指安住在內心裡面。這個「住」就是「安住」或「安放」之意！譬如我們在桌上放茶杯，因爲放置妥當，所以穩固；假如沒有一個處所可以放置，那茶杯就沒有地方可以安放；如同我們的內心，沒有一個安置的所在，所以內心才會不受控制、胡思亂想，就像亂跳的猴子、瘋狂的大象、或脫韁的野馬，因爲無法安住而到處亂跑！

想要讓胡思亂想、妄念紛飛的心停下來，卻停不下來！想要專心思惟在某件事情上，卻又無法專注！這是因爲內心沒有一個可以安住的處所，所以內心呈現無法安住及紛亂的狀態。所以我們現在要想辦法讓心有一個安住的處所，把心放到上面去、讓它能安住下來，如此一來，我們就能夠控制內心。讓內心能夠安住下來，就是「內住」。

如果用無相安止的方式來說明九住心，比較不容易理解，所以我們用有相安止的方式來做說明。有相安止指的是有一個具體的對象，像是自己在實修的時候，準備一尊佛像放在前面，不論是釋迦牟尼佛、阿彌陀佛或者是大悲觀音的佛像；甚至不一定要佛像，一粒小石頭、一片小木板、一盞蠟燭、一盞燈等都可以。總之，一定是具體的、眼睛能看見的對象，這種禪修方式就叫有相安止。放一個具體可見且可供觀想的對象，內心亦朝著這個形體凝視；接著眼睛看著所緣對境，將內心放在這上面，如果做到眼睛看著所緣對境的同時，內心也專注在這個對境上面的話，猶如射箭時一心專注在靶上，並正中靶心！慢慢地，妄念就不會出現了！

第一個階段的目的是達到住心，找到一個對境可以讓心安住，並持續努力使其能夠長久安住。簡言之，內心要有一個對象可以放置，就像我們剛剛舉的例子，茶杯需要桌子可以放置，有了桌子，茶杯就不會隨處移動而達到定！我們的內心因爲沒有一個對境放置，才會胡思亂想、妄念紛飛；有了對境，就可以將心放到上面，接下來的目標就是讓心可以長久安住！

在內住的階段，心朝向所緣對境的時間大概還不到一秒鐘，其實可能只有一刹那！第二刹那時就妄念紛飛了，而在我們妄念紛飛時，還沒察覺自己正在妄念紛飛呢！可能過了一陣子才察覺到自己的心沒有住好，才專注了一下馬上就跑掉了！利用專注力專注在對境上，讓妄念不要出現，心裡抱持著這樣的想法去努力，就是內住。

●第二住心：續住

這個階段的目的是讓內心持續地安住。「續」就像水流持續流動，我們的心續如同河流的水般持續流動，續住與內住不同，我們的心不會在第二刹那跑掉，可安住幾刹那，而且可以明顯覺察到出現了持續性的幾刹那，已經不同於第一階段的內住了。

●第三住心：補住

「補住」的意思是，我們的心住了一下下、跑掉、馬上發現、馬上補回來！就像是衣服或褲子被磨破一個洞，馬上發現，馬上把它補好。我們的心雖然已被訓練到有持續性、可以安住一下下，但又會馬上渙散；不同的是，在「補住」階段時，渙散的當下我們馬上就會發覺，因此可以馬上將心「補」回來。不過在這個階段，內心的堅固其實還沒有達到，只是我們可以明顯察覺到妄念的力量減弱了！因此，當我們發現妄念的力量減弱時，也就是補住的開始；正因爲妄念的力量減弱，所以內心一渙散馬上能就察覺，才可以抓回內心。雖然也無法安住很久，因爲尚未產生住的力量及堅固的力量，但是已能察覺自己內心妄念的力量減弱了。

●第四住心：近住

在這個階段，我們會發現心安住的力量加強了。就像一個放牧牛羊的牧童，在還沒把牛、羊趕到放牧地點前，就要先去查探那裡的地形，哪裡有水？哪裡有草？出發之後，才可以把牛、羊群直接趕到水草豐美的所在，而不是等到已經出發了，才開始尋找水草，這個階段的禪修就如同已找好目的地的牧童，要直接把心安住在這個對境上！在這階段除了察覺到妄念的力量減弱，還會發現到安住的力量增強了！此時，內心清楚明白禪修的功德利益，當坐上禪修墊時，就能夠朝對境勇往直前，立即安住在所緣對境上，也因此安住的力量較之前更加強大！若能明顯察覺到自己安住的力量更強大時，就是進入「近住」的階段。

現在的我們，對聽聞到的這些教法還沒有感受和體悟；即便是在聽聞教法的解釋和說明時，也如丈二金剛般地摸不著頭緒，更如隔靴騷癢般地無法深刻體驗。密勒日巴曾開示：「雖然飯就放在自己面前，如果沒有吃，肚子是不會飽的！」我們現在的情況正是如此，雖然講得很清楚，但大家聽得很模糊；不過，當你開始坐下禪修時，就能開始體會所聽聞的教法、也會認識那些情況是近住的階段，並察覺出安住的力量比之前更強大，而妄念的力量也更爲減弱。

●第五住心：調伏

第五個階段調伏的力量就不一樣了，調伏有安住的威力，調伏的階段，就是心安止了，到了這個程度，內心會感到高興、跳躍、歡喜修！所以，能發揮出安住的威力效果。

我們內心會有貪念、瞋恨，也容易動怒，有時因爲貪念而產生憤怒，而有時因看到不平而產生憤怒；總之，不管是貪念也好、瞋恨也好、憤怒也好，這都是內心陷入擾亂不安、粗暴狀態的現象，如果是一位修行者，已經具有降伏內心的威力，就會馬上安住在所緣對境上，這些憤怒、貪瞋，也會因此馬上被降伏被駕馭。

在「調伏」的階段，我們的心已經能發揮出安住的威力與效果了。舉例來說，一個沒有實修的人，經常會在憤怒生氣和發脾氣的當下，無法降伏自己粗暴的心，也會不斷地發脾氣；如果是一個有實修經驗的人，並已經禪修到調伏階段的時候，他在生氣的那一剎那，可以馬上安住在禪修的所緣對境上面——看平常修安止是選哪一個對境，他的心可以馬上安住在這個對境上——於是憤怒馬上就被壓制了下來，這是因爲他已擁有調伏妄念的能力。所以這個階段的禪修能力，叫做調伏，是一種可以壓住煩惱與妄念的威力；也因爲調伏的威力已經產生，因此安住的力量也就更加強大了。

當我們的禪修進階到調伏階段時，已經可以控制內心，就如同一位能駕馭馬匹的騎士一樣，已經可以隨心所欲地駕馭馬匹前往任何地方！即便我們的內心處在憤怒生氣的情況下，只要安住在自己的所緣對境上，這些貪瞋癡馬上可以被調伏住，所以至此，調伏的力量已經出現了！

最後再舉一個貪念的例子來說明。一般人看到美女，內心大多會產生貪念，但如果是屬下乘的禪修者，可以採用不淨觀來對治自己的貪戀之心，不淨觀就是觀想從你的內心發出的毫光，慢慢地將她變成醜陋或是骷髏形像等，然後把貪念之心壓下來；但大乘行者用的方式是，把這個美女當成自己的姐妹、自己的親眷一樣；或者按照修安止方式，就是觀想本尊天、本尊天女！如果我們的對境是本尊天女的話，我們把內心安住在這個對境上面，一樣也能壓住貪念之心；假如你內心的禪修已到達第五住心的調伏階段，已經俱備控制內心的能力，就能壓住煩惱與妄想。所以，當我們內心貪、瞋、癡的煩惱習氣現前時，只要修安止，專注在所緣對境上，這些貪、瞋、癡的煩惱習氣都可以馬上被壓下來！

●第六住心：寂靜

前面談到安住在所緣對境上時，並非就完全沒有妄念，妄念其實是隨時都會出現的；但是當我們進入寂靜的階段時，內心如果有念頭出現，不管是貪念也好、瞋念也好，馬上會察覺到這些個念頭的產生，在察覺的當下，念頭就會消散不見，念頭寂靜了、消失了！因此，這個階段被稱之爲「寂靜」。

譬如一個久臥病床的人，因爲沒有力氣，根本起不了床。同理，當我們的禪修達到第六住心寂靜的階段，這個時期妄念的產生，如同久臥病床的病人一樣，稍微察覺到自己產生了貪念心或忿怒心，這個妄念就像那個久病的患者一樣爬不起來，馬上消失不見，對安住起不了干擾的作用！

假設我們是沒有實修經驗的人，看到一個美女的當下會生起很強烈的貪戀心，或者看到仇人的時候會生起強烈的忿怒心。這時，雖然我們可能感覺到自己起了貪戀心或忿怒心，也知道這些念頭並不好，甚至他人也可能規勸你別貪戀、別生氣，但是你的念頭就是滅不掉。所以，一般人內心妄念的力量很強大，是控制不住的！但如果禪修實力已經達到第六住心的寂靜階段，會很明顯地發現，妄念如同久病的病患一樣，毫無氣力可言；只要一察覺到妄念出現，花些力氣則可以讓它馬上消失不見，自然而然地消散掉！

●第七住心：近寂靜

佛法裡所說的「近」，指的是「非常」的意思，所以「近寂靜的意思就是很靠近且非常強大的寂靜。比起前面的第六住心寂靜來說，是更加強大的寂靜！

近寂靜跟寂靜的差別，在於近寂靜不必花費太多力氣。第六住心的寂靜是，當貪念生起、瞋恨出現的當下，內心可以馬上察覺到這些念頭，但是在察覺的當下，還是要花些功夫力氣來讓貪念心、瞋恨心滅掉、寂靜下來；而第七住心的近寂靜，則是讓前面的寂靜繼續維持下去，自然而然產生強大的威力，所以幾乎不需花費什麼力氣，就能讓念頭自己消散掉！就像用蛇的身體打一個結，根本不用花什麼力氣，牠就可以自己解開來。在近寂靜的禪修中也是如此，不管大大小小的妄念出現，幾乎都不必花力氣去對治，因爲察覺妄念的力量非常強大、非常地輕鬆自然，而妄念就像用蛇身打的結，自己會鬆開，因此不用花什麼力氣，妄念就會自然而然地止息了。

●第八住心：一續安住

第八住心稱爲「一續安住」，就是內心繼續安住下去，一直都安住在所緣境上，自然就沒有念頭、也不會產生妄念，故也稱爲「專注一境」，亦即專注在一個對境上，只要一想到專注的所緣對象或所緣對境，內心馬上安住，妄念也都不會產生。

從第一到第七住心的階段，都是在「繼續安住」這個要點上努力，而安住的力量也會越來越強大。到第八住心時，內心可以馬上想到所緣對境、可以馬上安住；不管貪念也好、瞋恨也好，隨時一想到所緣對境，內心就可以馬上安住，妄念馬上平息掉，這時的內心，宛如風平浪靜的大海般，沒有起伏波浪，完全沒有念頭。雖然海面底下的水還在流動、還是很急，但海面上已經風平浪靜，此階段內心的安住雖然尙未得到堅固，但是明分已然出現了！

●第九住心：等住

第九住心「等住」的意思就是平等地安住，其特色非常明顯，如果修禪定者已經修到等住的階段，一上座內心只要想著他的所緣對境，當下他的內心就可以安住在所緣對境上，完全不必做調整或祈請。在前面的幾個階段，內心跑掉了，需要察覺，察覺之後，還要用盡力氣把心抓回來，甚至有時候心跑掉了，要過了好久之後才察覺到；也有時候雖然察覺到內心渙散，花力氣也抓不回來。但在現在這個階段，根本不必花任何力氣去對治，不必調整、改變，也不必祈請，內心就能自然安住，完全不受任何妄念的干擾，內心已遠離干擾而平穩安置。到了這個程度，就是第九住心，不花力氣也不需做調整，即可自然安住，這就是等住，有時候又稱之爲「等置」，是一種平等的安住。

有時候，我們上座的實修也稱之爲等置階段的實修，但這裡的等置，指的是第九住心，或者更簡單的說，就是等住，因爲在第九住心時，每一時刻都是要安住，所以第九住心就稱之爲等住。

如果將保持上座的禪修稱之等置，那麼下座的時候，則稱爲後得，是指後面得到的意思。一般禪修分成生起次第與圓滿次第，我們現在談的是圓滿次第的實修，也是一樣可分成等置階段與後得階段。

上述就是九住心的說明，依序是：內住⬇續住⬇補住⬇近住⬇調伏⬇寂靜⬇近寂靜⬇一續安住⬇等住，這些其實都是等置的實修，可見等置的範圍很廣大。這九住心都是上座的實修，而下座就是食、衣、住、行的實修，所以食衣住行就是後得的實修。

總而言之，實修就是要把內心的渙散去除掉，所謂的渙散就是念頭的妄念紛飛，包括了過去的念頭、現在的念頭、未來的念頭，把這些念頭都排除，內心安住在所緣對境上，安住的這段時間，即稱之爲等置。離開禪定下座，來到了食、衣、住、行，就稱之爲後得。對初學者來說，實修初始將心安住在所緣對境的時間不能太長，也就是說，初學者的禪修時間不要太長，就九住心的實修來說，每一個段落上座實修的時間都不要太長。凡是上座的安住實修，都稱之爲等置的階段實修！

以上是以有相安止的禪修方式來講解九住心的教法，而無相安止就僅僅是所緣的對境不一樣而已！其它所有禪修的次第都是也一樣，一定都會經過這九個過程次第。所以不管是有相安止也好、無相安止也好，任何禪修、任何內心的安住一定會經過這九個階段，每個人觀想對境的方式可能有差別，但若想達到內心安住的禪定境界，肯定都得經過這九個階段，所以稱之爲

「九住心」。

這些教法的內容，可以說是：講的人講得清清楚楚明明白白，但是對還沒有做過禪修實修的人來說，聽起來卻有如丈二金剛般摸不著頭緒，也如隔靴騷癢般缺乏親身的體驗感。所以我們在聽完教法之後，一定要自己禪修、實做看看，才會因實修而產生體驗和瞭解；等到付諸實修之後，你的禪修經驗與體會就會產生，也會有清晰的瞭解，特別是到達第九住心的階段時，內心會更堅固、更安住！

對禪修很陌生的人來說，要實修禪坐還是有若干難度；即便如此，我們還是先教導大家好好調整身體坐姿，調整完畢之後，按照九住心的次第，一段一段實修之後，一定會有屬於個人的禪修覺受產生，而在覺受產生的當下，再依九住心的禪修教法，一段一段地做調整及努力並繼續堅持下去，禪修的效果一定會逐步出現。

當我們在禪修的時候，其實會非常依賴善知識及上師的指導，比方內心安住的覺受狀況出現後，該怎麼處理？禪修方式和過程的處理到底正不正確？這些狀況都需要一一向上師善知識報告，不能自己盲修瞎練，一定要依止上師善知識的教授和指導去做調整！再次強調：在禪坐實修這部份，一定要跟上師善知識保持密切的連繫！

前行法中的皈依發心，持誦百字咒語消除罪障、獻曼達累積資糧等各項實修的基本數目是十萬遍，但禪修有它的獨特性，禪修的過程和成效的要求，與大圓滿前行法修持的要求非常不同。譬如修前行法的持咒階段，只要唸滿十萬遍，唸完就修持計數圓滿，但禪修不是，如果不小心謹慎的話，禪修有可能讓你的煩惱越來越嚴重、甚至走火入魔！甚至許多出乎意料的情況，會毫無預警地出現，讓人陷入各種不自知的危險中，而毫無所覺。所以在禪修道路上，禪修者一定要依止自己的上師並且密切的告知上師禪修進度與狀況！

圓滿實修九住心後，慢慢就會得到輕安。**輕安有身輕安與心輕安兩種**。要達到身輕安的話，食物的蓋障一定要減少。食物太多的話，會變成一個障礙，稱爲食物蓋障；把食物慢慢減少到可以斷除食物的境界，稱爲禪定爲食，那時身心輕安就會很強烈。以禪定爲食，食物蓋障減少、禪定力量會越來越強而能減少食物飲食，對禪修及對世俗的健康都會有很大的幫助。減少食物對禪修的幫助，一來是因爲食物吃得太多，很容易招來很多疾病；其次，在禪修的時候，頭腦很容易昏沉。再者，現在大家運動量少，食物攝取太多也很容易產生各式各樣的疾病。首先，把食物減少，當做爲禪修打地基一樣，這從實修或世俗的角度來看，對我們都會有很大的幫助。

如果是佛法修行者，可以調整配合斷食來實修。早上起來還沒進行課誦時，先到佛堂上香、做三頂禮、皈依文唸三遍、發菩提心唸三遍，之後立下誓言遵守戒律：「今天（或是一星期等）我將過午不食，不吃晚餐。」之後，再針對佛教五戒戒律（不殺生、不偷盜、不邪淫、不妄語、不飲酒），選擇全部或是其中幾個戒律來發願守戒。也可以採用每月藏曆的八號、十五號及三十號等佛教殊勝日，進行過午不食的斷食，再配合守戒來修行。有規律的進行斷食及守戒，對於修行會有很大的幫助。

但若想過午不食，而心裡想的是：「我要減肥、我要身體健康後、變苗條，看起來青春貌美！」若立下的是這樣的目標，志願則太小了。若是把過午不食配合戒律，如不殺生、不偷盜、不邪淫、不妄語、不飲酒等當成自己的戒律來遵守，那麼守戒的福報及守戒的威力是無窮。若僅將目標設訂爲要減肥、健康、漂亮，則是牛刀小用。

大家試想，鬼道的眾生無窮無盡，將來自己也可能墮到鬼道之中；如果墮到鬼道之中，飢餓的痛苦是何等強烈，沒有水、沒有食物、又飢又渴。所以不妨趁現在食物無虞的時候，讓自己的肚子餓一點、乾渴一點、口渴一點，稍稍分擔一下鬼道的痛苦，讓他們減少痛苦，最後將這個善功德迴向給他們，希望鬼道也都能脫離這樣的痛苦！如此受戒發願，對消除罪障的幫助很大。也許將來自己投生到鬼道、墮落到鬼道時，惡業也會減少很多，甚至將來可能不需要投生到鬼道中。所以，現在持守戒律，心裡不能只想著要減肥、要健康、要美麗這樣的小目標，而是要想著：「我可以減少鬼道眾生的痛苦，並將善業迴向給他們。」這樣的大目標。如此一來，也許自己投入在鬼道的罪業蓋障能夠消除，而附加價值則是自己健康又美麗。

實修者若是能掌握身體的關鍵要點並且能調整好，修行者會有樂、明、無念、以及空——也就是會有快樂、明晰、沒有妄念、以及空——的覺受。若是修行者尚未達此目標，至少能將身體四大要素地、水、火、風調整平衡好，逐漸讓身體變得更好，鬼怪邪祟無法干擾，對未來的證悟也會有很大的幫助。

以上是九住心的介紹，修行者在等置——即實修的過程中，要堅定修持九住心的決心，讓內心安住，並且要將目標訂定在控制安住內心。在這樣的情境下進行實修，透過不斷實修的練習，修行者將可覺察到內心逐漸地進步。

第八、依次第禪修會產生的內心覺受

在修持九住心得過程中，必然會出現以下五種覺受階段：搖動、得到、串習、堅固、究竟。

●覺受一：搖動

第一階段是搖動覺受，行者的內心妄念紛飛，剎那都無法停止，內心片刻都不能安住，就如同瀑布的水流一般，當高山的瀑布奔流而下時，飛流湍急、片刻不停歇，而在這搖動的覺受階段，我們的內心狀態如同瀑布的水流一般。

●覺受二：得到

第二階段是得到覺受，所謂的得到，就是獲得的意思。此時內心狀態好比山谷裡的河川，如同河川行經山谷中略為平緩之處，尚可平緩流動。在此階段，我們的內心在剎那間可以短暫安住，雖然妄念仍是存在，但此時我們可以覺察妄念逐步減少；這個階段相較於安住而言，妄念的力量仍然強大，妄念的念頭仍然繁多，但會開始出現瞬間、片刻安住的覺受，這就是得到，像山谷的水流聲響雖未若瀑布般轟隆巨鳴，但奔騰的河水仍會發出湍急奔流的聲響。

●覺受三：串習

第三階段是串習覺受，串習的覺受就像平原上的大河般，河水平穩、徐緩地流動。此時，心的安住力量越發堅定，心續也如同平原的河流般平緩地流動。

● 覺受四：堅固

第四階段是堅固覺受，此時我們的心就如同是高山一樣堅固，雖然仍存在妄念，但妄念也不能撼動，這是堅固的覺受。

● 覺受五：究竟

第五階段是究竟覺受：心處在風平浪靜、完全沒有妄念的狀態，一心一意在對境上，完全沒有念頭之搖動。

修行者在修安止時，是按照九住心的方式去對照九住心與覺受的階段；在修持第一住心至第三住心階段時，會出現「搖動」的覺受，心續如同瀑布般奔流，妄念生起得快且多，妄念紛飛的情況很嚴重。修持第四住心跟第五住心階段時，相應的覺受是「得到」，這個階段有了安住的出現，雖然心續仍像山谷的河水般，妄念的力量依舊強大，但已可得片刻的安住。修持第六住心及第七個住心階段時，生起的覺受是「串習」，此時修行者的心續已經習慣於安住，如同平原河水般自然平穩地流動。第八住心對應的是堅固的覺受，而堅固的覺受就如同高山，即使妄念如同四周狂風在林間呼嘯地出現，修行者的心續仍不離安住，不會中斷、不受干擾，此即「堅固」的覺受。第九住心相應而起的是「究竟」的覺受，修行者在修持第九住心時，心續如同風平浪靜的海面般，海面上與下一樣平靜，毫無妄念，這就是究竟的覺受。

此即修持九住心相應而生的五個覺受之對照。上述說明是讓修行者在實修前先概略瞭解修持過程，大家必須親身實修，才會有覺受產生；切身的覺受產生時，才能夠更清楚明白。大家只要按照前述的九住心來精進實修，修行者會發現自身也會生起相對應的覺受；但此時若行者因禪修的覺受而自喜，產生內心執著於「覺受」的情況，反而會變成修持安止的障礙。

舉例來說，修行者在修持一段期間之後，內心可能達到了非常清晰的狀態，妄念消彌、心境透澈，內心充滿了快樂；但有時候若繼續實修，內心明晰的程度可能會下降，抑或其他各種令人不悅的狀態都浮現出來。此時，修行者若是對先前的覺受產生執著，那麼就是走上了錯誤的道路，因爲修行者必須保持的心態是，不管什麼覺受出現、都不去執著於這個覺受是好或壞，一旦對某種狀態或覺受產生執著，執著心生起，就會走到岔路上去。因爲只要產生了執著，修行者的實修是無法達到徹底究竟。

在禪修的過程中，內心處在快樂之中時，亦有可能會陷入昏沉，也就是對境不明晰，自己卻沒有察覺。如果在這種狀態中長久安住、續住，這種安住也會達到堅固，之後將會種下投生到動物道的因，因爲動物道的緣起是愚笨，而愚笨的原因在於內心昏沉、不明白、不明晰，又沒有清澈的瞭解。因此，我們在覺受上不能執著，當在內心不清晰的狀態下持續串習，執著於快樂的感受，並持續去追逐，如此會讓安住變得很堅固，將來就可能投生到動物道。因此薩迦班智達曾經開示：「愚者實修大手印，乃墮畜牲惡道因。」意即，愚笨的人去實修大手印，多數都只會累積墮入惡道的因，因爲缺乏正知見，執著於禪修帶來的內心快樂，使自己陷入了昏沉並堅固地安住在其上，於是便投生到畜牲道之中了。由此可知，任何覺受出現時都不應執著，一定要繼續實修，才能達到究竟。

修生起次第時要觀想本尊，修圓滿次第時要修安止；無論何者，在實修上都要修禪定，而禪定時不能陷入昏沉，甚至在持誦咒語時亦是如此；如果修行者在持誦咒語時呈現昏昏沉沉、快睡著的狀態，也是累積投生到畜牲道的因，因爲心性呈現昏沉。故修行者務必小心謹慎，別因禪修的錯誤而走上錯誤的道路，提防種下投生到動物道的因。

第九、覺受出現時，好的功德與壞毛病之分別

上面先簡單論述修行者禪修的偏誤，而歸納修行者在禪修時可能會產生的錯誤，主要有六種，這六種毛病都要排除，否則禪修就不可能徹底究竟。

這六種毛病說明如下：

● **毛病一：忘記**

忘記自己的禪修對境，或不會去觀想對境。因此忘記對境是行者常犯的一個毛病。

● **毛病二：懈怠、懶惰**

修行者懈怠、懶惰不想實修。只要有懶惰就不會做實修，更不會徹底究竟。

● **毛病三：昏沉**

造成昏沉的原因，往往都是因為內心太過沉重以及緊綳所致。一旦內心過於緊綳，便會變得沉重而往下沉，所以稱之為昏沉。

●毛病四：掉舉

即所謂具貪戀心，或說妄念。前述所提之昏沉並無妄念，但掉舉是指離開對境，內心胡思亂想而未專注在對境上，也是在禪修時常出現的問題。

●毛病五：作行

以白話來說，作行表示是「採取手段有所行爲」，但這何以會變成一種問題呢？到第九住心，內心已經很平穩地安住在對境上，內心已無妄念，也不會產生妄念，但同時內心會思忖：「念頭有沒有出現？會不會出現壞的念頭？當念頭出現時，要如何去對治？」試想，當內心平穩安住時，有需要去考量這個問題嗎？因爲已然一念不生了，再想這些問題當然會變成內心的干擾、禪修的阻礙，因此這種毛病就稱爲「作行」，因爲它正在爲將來可能產生的妄念做準備、採取手段，但在當下，內心處在安住並無妄念，其實並毋需採行任何手段。修行者要瞭解，當內心不能平穩安住、妄念紛飛時，才需要作行；反之，在平穩安住的當下卻還去作行，就成了一種毛病。所以，我們要將這種毛病去除，否則實修將無法進步。

●毛病六：不作行

接續「作行」衍伸出來的，就是「不作行」。若禪修的當下妄念紛飛，但卻不採取任何作爲及手段去對治它，這毛病就稱爲不作行。

上述六種毛病，即爲修行者禪修時常犯的毛病，而要將這六種毛病斷除掉，則要靠以下八種對治：

1. 信心——對禪定要有信心，相信禪定。

2. 希求——內心很熱切追求，抱持著自身要得到禪定功德的希求心。

3. 精進——就是努力且勤快地去實修。

4. 輕安——身心都很輕鬆。

5. 正念——內心要記住觀修的對境爲何。

6. 正知——要察覺正知的力量。

7. 思惟——內心能夠思惟。

8. 等捨——就是平等捨，心住於善，遠離沉掉是行捨；心的感受非苦非樂，是受捨；願有情遠離貪瞋癡之苦，是平等捨。

13

身輕安與心輕安

輕安分為兩種，分別為身輕安以及心輕安；而輕安相對的狀態則稱為粗重，粗重亦可分為身粗重以及心粗重。何謂身心粗重？指的是身體及內心都不受指揮，主因輪迴以來，養成不好的習慣而被影響之故，而造成修行者難以指揮自己的內心以及身體；若過往養成善習，進入到實修時即可很輕鬆地去調整身心，可透過實修的方式將粗重滅掉，屆時身體以及內心都很容易受指揮，也很容易投入到善行以及實修上，身心都易受指揮的情況即稱為身與心的輕安。

現在的我們因為在輪迴中，有諸多惡習，致使身體會呈現粗重的狀態；造成身粗重的惡業，包含了殺生、偷盜、邪淫等，皆為身粗重之因。在累世中所造之惡業，如殺生，我們為了滿足口腹之慾想吃眾生的肉、血，便將眾生殺害，已經成為一種習慣，因為食肉帶來滿足感，使得食肉者自然而然地去施行殺業，是因為他以前有這個習慣，也是輪迴中養成的習慣，這是身體所養成的惡劣習氣；抑或偷盜，也都是造成身粗重的原因，所以一旦要指揮身體去實行善業或是實修，都未能所願。

修行者如果要獲得身輕安，將粗重消滅，可以透過持戒將習氣戒除，這也就是實修佛法有戒律的原因，包含了不殺生、不偷盜、不邪淫等；行者一旦開始持戒，先前所犯之殺生、偷盜、邪淫等惡業也將慢慢減少，習氣將慢慢除去，接續修持安止，在循序漸進下將會獲得身輕安，在身輕安下身體很容易受指揮去施行善業，例如做頂禮、大禮拜、繞塔或繞佛等，都會很輕鬆順利，不會覺得沉重有阻礙。而身輕安會有什麼表徵？可以觀察一些舞者身體肌肉非常地柔軟，而且身體很輕盈，這便是身輕安的徵兆；因爲得到身輕安之後，身體會很輕鬆、不沉重，即便以毗盧七支坐法的上座修持安止一整天，也不會有腰酸背痛或腳痛的情況產生。

我們以金剛跏趺坐打坐，短時間內身體就會出現腰痛、背痛、腳痛、腰酸的情況，主要就是因爲身體很粗重所致。故修行者應將身體放在善行及實修上，希冀獲得身輕安，而身輕安除了身體的柔軟輕盈外，反應在外貌上也不易衰老、臉上不易有縐紋、頂上不易有白髮，長保容光煥發，也不容易生病。

前面所述是一般情況下的身輕安所應俱備之徵兆。但假設該修行者眞正獲得身輕安，仍需要面對自身的異熟果報；一旦異熟果報出現，前面所述之特徵，像是沒有白頭髮、皺紋、身輕如燕或身體柔軟等，可能也無法達到，甚至在外表上可能是老態浮現，身體也常常生病，這些都是有可能的，因爲業力牽引使得異熟果報出現，先前所談及身輕安的徵兆則不容易看出。但是否獲得身輕安者都一定會出現上述的表徵是難以論斷的，因爲該修行者仍須面對異熟果報，這可能會蓋過身輕安的表徵；在這種情況下，我們就無法由表徵去判斷，因爲即使是尊貴的釋迦牟尼佛，在成佛後仍須面對上輩子惡業的果報。這也是在提醒行者，不要隨意去猜測他人，自己的身口心都要小心謹慎。

由於身輕安的表徵，我們或者可以這麼說明：舞者的身體通常較柔軟也較輕盈，是因為其工作所需；但是我們可以觀察到，有些人並非舞者，但身體也是柔軟輕盈、體態美麗，而且看起來比較不會老化。因此我們或許可以如此推論：此人若非行者，也沒有透過禪修獲得身輕安，則前世一定有過類似身輕安的狀態，即使不是由禪定所獲得的身輕安，但可以肯定的說，之前必然曾經種下過這樣的種子，以致於現在這個種子發芽了，所以現在可以呈現出身體輕盈美麗、永保青春、不易生病的狀態。因此，當你得到身輕安跟心輕安時，更要持續禪修，將會有更大的效用。

至於心輕安，得需由相對的心粗重切入。所謂的心粗重，就是內心充滿貪、瞋恨、愚癡，還有易忿怒的內心，以及邪見。而自無始劫以來，這方面的惡念及習氣多不勝數，在內心存在著這些惡念、惡習的情況下，內心會變得很沉重；而內心經常處於這樣的狀態，即稱為心粗重。同樣，透過禪修調整內心，可將惡念及惡習逐漸移除，將心粗重消滅，內心將會呈現輕鬆的狀態，也會逐步地呈現堅固、能夠安住，而後得到心輕安。處在心輕安的狀態下，內心在禪修時將專注於所緣對境上，立刻可以安住，持續安住也不需耗費太多力氣，安住的時間更可隨心所控制，不會因爲妄念紛飛而離開安住的狀態，甚至可以達到一念不生，這就是心輕安。

反觀修行者在觀修時，想要專注在所緣對境上，如觀想釋迦牟尼佛，卻不能立刻進入觀想，心中充滿三時的妄念及妄念紛飛，抑或安住的時間僅能維持片刻，這就稱爲心粗重。如前所述，心粗重是因爲貪、瞋、癡等惡念邪見所致，在內心充滿五毒時讓我們累積了諸多壞的習氣，造成了心粗重，因此常常在他人的批評指正時會生氣，言語上也會立刻做出反駁，這通常是心粗重所致；在現代，多數人會有這種反應，心粗重的情況嚴重到完全無法控制內心，很容易發生精神異常的狀況，因爲氣會衝擊到心，致使心無法受控制，俗話稱這種情況爲失心瘋。

獲得心輕安的方式，要透過實修將五毒等壞的烙印慢慢移除，內心的粗重狀態會逐漸好轉，內心最後就會得到輕安；獲得心輕安時，我們可以感受得到，內心很容易受指揮，也可以控制及安住在禪定裡，內心充滿勇氣，內心的力量也會展現出來；此時內心呈現的狀態是不沮喪、不自我輕視，不易受貪、瞋、邪見、慢、嫉妒等惡惱擾亂，因此與朋友、父母的互動變得容易而輕鬆，並且會生起利他的心，也會受人喜愛。是故，反應在與人互動的表現上，容易跟別人來往就是心輕安的徵兆。

14

禪修安止的六種力量及四種運轉作意

最後談談「修安止」的六種力量，齊備六種力量，安止就能夠得到穩固。

1. 聽聞的力量：所謂聽聞，就如同我們所討論的如何做禪修？在禪修中會出現什麼問題？要如何對治？都需透過聽聞去瞭解、知曉。

2. 思惟的力量：由思惟來明白、瞭解所聞所見之道理。

3. 正念的力量：正念原意是「記憶」。

4. 正知的力量：「正」字，有完全、明確之意，所謂正知，即完全、清楚地了知。

5. 精進的力量：精進是由於對善業的希冀、愛好，故產生一種向上的力量，俱備勇敢無懼的特質，意指身體力行善法、勤斷惡根，對治懶惰鬆散。

6. 串習的力量：代表完全熟練。

前述所談到的六種力量多數很容易理解，但其中最不能欠缺的就是串習力。串習是一個強烈的習慣，任何方面的實修如果缺乏串習力，實修就不會有威力也不會有效果，所以很難使我們脫離輪迴。因此經典中提及，沒有力量的善行實修，如同在水面上作畫般，容易消散於無形。

實修的目的是改變內心，修行者瞭解之後，就要在實修上持續努力，正念正知才會像繩子一樣，將我們內心綁在良善的一端，斷除惡劣的習氣、不再去造諸惡業。現在的我們已經遺失了本性，無法看到內心本貌、本質，我們的心也不受控制，總是受到妄念所擾，如果不有所作爲，就將持續陷於輪迴當中，故需養成一個好的習慣去對治。透過實修並且養成習慣，力量才得以展開，這就是串習力。

現在的我們，處在不認識自己內心本貌的狀態下。因爲內心本貌的佛功德是完全而齊備的，但當我們不認識內心本貌時會形成無明，也因爲無明，而離自己的內心本貌愈來愈遠了，並產生很多惡劣的習氣。雖然我們自稱爲修行者、佛教徒（亦即實修佛法者），但是自觀我們一天時間中，也只有十分之一強的時間思惟著善念，剩餘的八成至九成多是惡念，每天內心所想的都是自身的財富、名氣、地位等，內心充斥著五毒，口亦無善言，這是惡習所導致的累世惡業之串習。再次提醒，如果我們不去做任何改變，將會持續在輪迴中打轉，惡習只會日益嚴重；所以要努力將妄念的續流剪斷，這是我們的目標。

要認識內心的實相頗具難度，因此經常得依靠願力，透過經常發願，希望能夠趕快認識內心本貌；此外，就是經常實修，讓實修得到串習力量，就會產生威力。行者每日做功課、持咒、實修所累積的善根，在沒有串習力下，很容易因爲習氣所產生的惡習而消滅掉，致使善根歸零，同樣的循環下，善根很難累積，而佛子們所追求的解脫、成佛，豈非難上加難？因此，當下起就要努力調伏、減弱內心的惡習氣，加強善的習氣，讓善的習氣行爲成爲一種習慣，逐步形成串習的力量，而後修法的效果、威力才會出現，才有機會解脫、成佛。

我們的本性就如失散許久、多年未見的老友，也許經過三、四十年後再次聚首，心裡頭或許還並未清楚想起他是誰，在彼此講話聊天之時聽到他說起自己的姓名，才回憶起，原來他是以前的老友！同理，眾生的內心都有一個覺性本貌（如來藏），但因爲遠離自身太久，已然被我們完全遺忘；但是我們透過實修、思惟道理，就會逐漸想起來。現在修行者所行之實修，就是在做這樣的工作，先讓內心惡劣的習氣消滅，而後培養出一個好的習氣，在實修上面形成一個串習的力量，而串習力量出現後，實修就有了威力。

身爲初學者，並無太多禪修的經驗，所以仍是處在努力堅持去做禪修的階段，還不算是一位正式的禪修士，因爲正式的禪修士行者應俱有「沒有能所」，或是「能所俱泯」。簡單說就是，沒有能修者，無所緣對境，及無緣想之狀態。

目前初修者應尚無此能力，所以初期時，禪修者應先製造出一個所緣對境，而後內心專注在所緣對境上，並且努力去依靠正念跟正知來指揮自身的內心，避免妄念紛飛。

再次提醒修行者，初期時要先去察覺妄念的出現，倘若無法察覺到有妄念出現，那就不能安住；因此，首先要察覺，要去察覺妄念的出現而後放下。妄念出現的時候，初學者通常不易察覺，因此心會跟著妄念而行，致使心呈現妄念紛飛；若在妄念出現時馬上察覺，立刻把妄念放下，去習慣這樣的作爲，讓習慣養成，妄念力量就會減弱，而後逐步消失，禪修也會漸入佳境。

在禪修的過程當中，還有一點要注意的是，並非我的內心專心安住，因此眼無視、耳無聞，鼻也無嗅，這就完全不對；在這樣的情況下去實修，人將變得越來越愚笨、遲鈍。其實當內心安住在所緣對境上時，眼、耳、鼻、舌、身、意所對應的色、聲、香、味、觸、法都會是非常靈敏，這才是完全的察覺。舉例來說，戀色娛目、流聲悅耳時很高興，反之聽到不好聽的聲音時很生氣，這些都是妄念；妄念出現時，要先察覺之後就放下，不要追隨妄念而行，慢慢的，妄念的力量就會減弱消失。在禪修的過程當中，應該是對六識會越來越靈敏，這是因爲沒有被妄念干擾的緣故，一定要越來越清晰，才是走在正確的道路上。但當六識去緣取、去察知所緣對境時，初步仍無法避免會有很多妄念的產生，修行者可按照前面所述去對治，因此若說六識不能察覺對境，這是個謬誤，剛開始實修時，要知道禪修者六識的力量，要發揮出來，才要能夠察覺到對境。

初行禪修時，並非大家都採行一樣固定的方式，而是依照自己身體、內心的變化做調整；同時，每個人所發生的情況也不同，有些人內心感受會非常強烈，有的陷入焦慮、有的貪念生起，或有些內心感受到非常快樂。但一般來說，修行者應儘量保持沒有太強烈的念頭，讓妄念紛飛的情況得到改善，禪修就會比較容易進行。

推薦給初學禪修的修行者對治妄念的方法，可採用「數息法」，將內心放在數自己的呼吸上。數息的方式很容易讓念頭、讓妄念中斷，因爲內心全部放在呼吸上面，這是其中一種方式；但如果在觀想所緣對境的時候就已經沒有妄念紛飛的情形，也就不用數息。此外，在做禪修時若陷入昏沉，就要振奮內心，讓身體動一動、讓眼睛睜開接受光線的刺激，這樣就能夠將昏沉排除掉。禪定兩個較大的障礙就是昏沉跟掉舉，對治的方法則如前所述。

實修要慢慢達到無過失的安止，就是達到沒有毛病和問題的安止：心緣取所緣對境的時候，內心沒有掉舉、也不會昏沉，非常明晰地安住在所緣對境上，如此身心一定會充滿喜樂，而喜樂本身會遍及自己的身體跟內心，也能夠指揮身口心三門，放在善業及實修上，不被三時的妄念干擾。這個時候身心輕安，但仍要注意，對於身心輕安也要沒有執著、貪戀心，若對身心輕安產生貪戀、執著，就會變成一個毛病；而若是身心輕安且無貪戀與執著，就會達到欲界最專一的內心，此稱爲「欲界專一心」，而欲界專一心，就是無過失的禪定，身口心三門都能夠自在的放在善行、實修上，也已達到入定的狀態。

在實修九住心的過程當中，除了前述所提的幾種覺受外，還有四種運轉作意（思惟）分別如下：

1. 勵力運轉作意：要花很大力氣，去抓住我們的內心，放在所緣對境上面，需要很大努力去做禪修，讓內心安住、作意即是思惟。「勵」是鼓勵，「作意」是指內心的思惟。「運轉作意」即意指，你在觀想某一個對境、在思惟某一個對境，再運用它！

2. 有間歇運轉作意：緣知的所緣對境一下就中斷掉了，因爲緣想馬上被中斷掉，根本就不能安住。

3. 無間歇運轉作意：就是不會中斷！內心專注在所緣對境上面，完全不會被妄念的干擾中斷。

4. 無功用運轉作意：完全不用花力氣，很輕鬆自然地禪修專注，得到堅固！

勵力運轉作意是指要花很大的力氣，所以專注時不能太鬆散也不能太緊繃，因爲過於緊繃很容易產生氣的毛病，而太鬆弛則容易心思渙散，所以要鬆緊適中，否則太過緊繃時，身體容易有高血壓、心臟病或是頭痛等疾病會發生，這是因爲過於專注內心所緣，氣過於強盛，故容易發生上述因爲氣而產生的疾病。

希望大家能清楚瞭解以上所說明的禪修精要九次第與過程，而能努力依照次第逐漸實修，相信必定能有成效。

結語

在禪修的時候是屬上座的實修，上座的階段也稱爲等置階段，法本課誦、行善業、修法或是打坐參禪都屬於上座，下座後則稱爲後得階段。上座的禪修沒有什麼危險及障礙，但重點在於下座的後得階段以及離開禪定的時候，在後得階段才會面對許多危險及障礙。

行者分爲上等、中等跟末等三種，上等行者上座與下座並無差別，因爲上等的行者的行、住、坐、臥都在禪定裡，絲毫不曾離開禪定，所以上座跟下座根本就沒差別；中等的行者下座時，面對山河大地及一切色、聲、香、味所緣對境等各種外顯事物時，會安住在對境之中，領悟到萬法都是顯而無自性，因此能安住在對境上；萬法顯而無自性的眞理，就是金剛經所述講「一切有爲法，如夢幻泡影，如露亦如電，應作如是觀」。

上述都做不到的就是第三等行者——末等行者，末等行者在下座時仍能夠控制自己的身、口、心三門，在行、住、坐、臥中仍可立刻察覺到自身的身、口、心三門是在行善業，並控制自己的身、口、心三門努力去行善業，戒除包含殺生、偷盜、邪淫、貪戀、瞋恨、妄語、傲慢或嫉妒等惡行；末等者也會隨時覺察身口心的不善，並努力行善，是眞正的行者。

上述三者在上座的實修並不會遭逢危險或障礙，而通常都是下座的時候才發生問題。對於各位來說，若要成爲一個修行者，如果無法做到上等，也要努力成爲中等，再退而求其次，至少要成爲末等；如果連末等行者都無法達成，則不能稱爲行者。而修持禪定所得到的成果，至少也需能控制及調整自己的身、口、心三門，這也是修禪定的功效。

與各位分享禪修的方式，相信大家透過聞思修將可得到更多的瞭解，而不會因爲辛苦與困難而揚棄了禪修。諸位如果能夠藉由修禪定，透過內心的安住將妄念斷除，則能消除罪障及累積廣大功德資糧，實在是非常大的福報。就消除罪障、累積福報方面來看，再沒有比禪修更好的方法了。禪修的觀想要明晰，眼視鼻前方，身體不鬆也不緊，內心專注而沒有妄念。希冀諸位每天都能夠實修，無論次數多寡、時間長短，相信長此以往，禪修一定會有成效，都有助於讓內心安住及斷除妄念。透過每日短暫的禪修，逐漸地心就可以達到安住，而後內心就會得到一個堅固的禪定，其次，還可以把無始輪迴以來惡劣習氣消滅掉，消除身心粗重，再沒有比修禪定的威力更加強大的方式了。

每一個眾生都有一個本然怙主，即內心實相及本來面貌，因此，修行發願及迴向的用意是希望自他眾生都能夠證悟內心本來面貌，而成就佛果。我希望藉由此書，使具有法緣弟子能把握教法實修，達到穩固，則禪修必定會有威力，成就佛果之願必能達成。

祝福大家　吉祥如意。

指導上師 Master Rinpoche

堪祖　蘇南　給稱 仁波切

Khentrul Sonam Gyeltshen Ripoche

編輯 Editor

台灣多傑林巴佛學會

Taiwan Dorji Lingpa Buddhist Centre

電子信箱

Dorji.lingpa.taiwan@gmail.com

臉書帳號

多傑林巴佛學會

地　址

新北市永和區竹林路 39 巷 28 弄 16 號 4 樓

（頂溪捷運站 1 號出口）

橡樹林文化 ❖❖ 善知識系列 ❖❖ 書目

JB0001	狂喜之後	傑克・康菲爾德◎著	380 元
JB0002	抉擇未來	達賴喇嘛◎著	250 元
JB0003	佛性的遊戲	舒亞・達斯喇嘛◎著	300 元
JB0004	東方大日	邱陽・創巴仁波切◎著	300 元
JB0005	幸福的修煉	達賴喇嘛◎著	230 元
JB0006	與生命相約	一行禪師◎著	240 元
JB0007	森林中的法語	阿姜查◎著	320 元
JB0008	重讀釋迦牟尼	陳兵◎著	320 元
JB0009	你可以不生氣	一行禪師◎著	230 元
JB0010	禪修地圖	達賴喇嘛◎著	280 元
JB0011	你可以不怕死	一行禪師◎著	250 元
JB0012	平靜的第一堂課——觀呼吸	德寶法師 ◎著	260 元
JB0013X	正念的奇蹟	一行禪師◎著	220 元
JB0014X	觀照的奇蹟	一行禪師◎著	220 元
JB0015	阿姜查的禪修世界——戒	阿姜查◎著	220 元
JB0016	阿姜查的禪修世界——定	阿姜查◎著	250 元
JB0017	阿姜查的禪修世界——慧	阿姜查◎著	230 元
JB0018X	遠離四種執著	究給・企千仁波切◎著	280 元
JB0019X	禪者的初心	鈴木俊隆◎著	220 元
JB0020X	心的導引	薩姜・米龐仁波切◎著	240 元
JB0021X	佛陀的聖弟子傳 1	向智長老◎著	240 元
JB0022	佛陀的聖弟子傳 2	向智長老◎著	200 元
JB0023	佛陀的聖弟子傳 3	向智長老◎著	200 元
JB0024	佛陀的聖弟子傳 4	向智長老◎著	260 元
JB0025	正念的四個練習	喜戒禪師◎著	260 元
JB0026	遇見藥師佛	堪千創古仁波切◎著	270 元
JB0027	見佛殺佛	一行禪師◎著	220 元
JB0028	無常	阿姜查◎著	220 元
JB0029	覺悟勇士	邱陽・創巴仁波切◎著	230 元
JB0030	正念之道	向智長老◎著	280 元

JB0031	師父——與阿姜查共處的歲月	保羅・布里特◎著	260 元
JB0032	統御你的世界	薩姜・米龐仁波切◎著	240 元
JB0033	親近釋迦牟尼佛	髻智比丘◎著	430 元
JB0034	藏傳佛教的第一堂課	卡盧仁波切◎著	300 元
JB0035	拙火之樂	圖敦・耶喜喇嘛◎著	280 元
JB0036	心與科學的交會	亞瑟・札炯克◎著	330 元
JB0037	你可以，愛	一行禪師◎著	220 元
JB0038	專注力	B・艾倫・華勒士◎著	250 元
JB0039X	輪迴的故事	堪欽慈誠羅珠◎著	270 元
JB0040	成佛的藍圖	堪千創古仁波切◎著	270 元
JB0041	事情並非總是如此	鈴木俊隆禪師◎著	240 元
JB0042	祈禱的力量	一行禪師◎著	250 元
JB0043	培養慈悲心	圖丹・卻准◎著	320 元
JB0044	當光亮照破黑暗	達賴喇嘛◎著	300 元
JB0045	覺照在當下	優婆夷　紀・那那蓉◎著	300 元
JB0046	大手印暨觀音儀軌修法	卡盧仁波切◎著	340 元
JB0047X	蔣貢康楚閉關手冊	蔣貢康楚羅卓泰耶◎著	260 元
JB0048	開始學習禪修	凱薩琳・麥唐諾◎著	300 元
JB0049	我可以這樣改變人生	堪布慈囊仁波切◎著	250 元
JB0050	不生氣的生活	W. 伐札梅諦◎著	250 元
JB0051	智慧明光：《心經》	堪布慈囊仁波切◎著	250 元
JB0052	一心走路	一行禪師◎著	280 元
JB0054	觀世音菩薩妙明教示	堪布慈囊仁波切◎著	350 元
JB0055	世界心精華寶	貝瑪仁增仁波切◎著	280 元
JB0056	到達心靈的彼岸	堪千・阿貝仁波切◎著	220 元
JB0057	慈心禪	慈濟瓦法師◎著	230 元
JB0058	慈悲與智見	達賴喇嘛◎著	320 元
JB0059	親愛的喇嘛梭巴	喇嘛梭巴仁波切◎著	320 元
JB0060	轉心	蔣康祖古仁波切◎著	260 元
JB0061	遇見上師之後	詹杜固仁波切◎著	320 元
JB0062	白話《菩提道次第廣論》	宗喀巴大師◎著	500 元
JB0063	離死之心	竹慶本樂仁波切◎著	400 元
JB0064	生命真正的力量	一行禪師◎著	280 元

JB0065	夢瑜伽與自然光的修習	南開諾布仁波切◎著	280 元
JB0066	實證佛教導論	呂真觀◎著	500 元
JB0067	最勇敢的女性菩薩——綠度母	堪布慈囊仁波切◎著	350 元
JB0068	建設淨土——《阿彌陀經》禪解	一行禪師◎著	240 元
JB0069	接觸大地—與佛陀的親密對話	一行禪師◎著	220 元
JB0070	安住於清淨自性中	達賴喇嘛◎著	480 元
JB0071/72	菩薩行的祕密【上下冊】	佛子希瓦拉◎著	799 元
JB0073	穿越六道輪迴之旅	德洛達娃多瑪◎著	280 元
JB0074	突破修道上的唯物	邱陽．創巴仁波切◎著	320 元
JB0075	生死的幻覺	白瑪格桑仁波切◎著	380 元
JB0076	如何修觀音	堪布慈囊仁波切◎著	260 元
JB0077	死亡的藝術	波卡仁波切◎著	250 元
JB0078	見之道	根松仁波切◎著	330 元
JB0079	彩虹丹青	祖古．烏金仁波切◎著	340 元
JB0080	我的極樂大願	卓千拉貢仁波切◎著	260 元
JB0081	再捻佛語妙花	祖古．烏金仁波切◎著	250 元
JB0082	進入禪定的第一堂課	德寶法師◎著	300 元
JB0083	藏傳密續的真相	圖敦．耶喜喇嘛◎著	300 元
JB0084	鮮活的覺性	堪千創古仁波切◎著	350 元
JB0085	本智光照	遍智　吉美林巴◎著	380 元
JB0086	普賢王如來祈願文	竹慶本樂仁波切◎著	320 元
JB0087	禪林風雨	果煜法師◎著	360 元
JB0088	不依執修之佛果	敦珠林巴◎著	320 元
JB0089	本智光照—功德寶藏論　密宗分講記	遍智　吉美林巴◎著	340 元
JB0090	三主要道論	堪布慈囊仁波切◎講解	280 元
JB0091	千手千眼觀音齋戒—紐涅的修持法	汪遷仁波切◎著	400 元
JB0092	回到家，我看見真心	一行禪師◎著	220 元
JB0093	愛對了	一行禪師◎著	260 元
JB0094	追求幸福的開始：薩迦法王教你如何修行	尊勝的薩迦法王◎著	300 元
JB0095	次第花開	希阿榮博堪布◎著	350 元
JB0096	楞嚴貫心	果煜法師◎著	380 元
JB0097	心安了，路就開了： 讓《佛說四十二章經》成為你人生的指引	釋悟因◎著	320 元

JB0098	修行不入迷宮	札丘傑仁波切◎著	320元
JB0099	看自己的心，比看電影精彩	圖敦．耶喜喇嘛◎著	280元
JB0100	自性光明──法界寶庫論	大遍智　龍欽巴尊者◎著	480元
JB0101	穿透《心經》：原來，你以為的只是假象	柳道成法師◎著	380元
JB0102	直顯心之奧秘：大圓滿無二性的殊勝口訣	祖古貝瑪．里沙仁波切◎著	500元
JB0103	一行禪師講《金剛經》	一行禪師◎著	320元
JB0104	金錢與權力能帶給你甚麼？ 一行禪師談生命真正的快樂	一行禪師◎著	300元
JB0105	一行禪師談正念工作的奇蹟	一行禪師◎著	280元
JB0106	大圓滿如幻休息論	大遍智　龍欽巴尊者◎著	320元
JB0107	覺悟者的臨終贈言：《定日百法》	帕當巴桑傑大師◎著 堪布慈囊仁波切◎講述	300元
JB0108	放過自己：揭開我執的騙局，找回心的自在	圖敦．耶喜喇嘛◎著	280元
JB0109	快樂來自心	喇嘛梭巴仁波切◎著	280元
JB0110	正覺之道．佛子行廣釋	根讓仁波切◎著	550元
JB0111	中觀勝義諦	果煜法師◎著	500元
JB0112	觀修藥師佛──祈請藥師佛，能解決你的困頓不安，感受身心療癒的奇蹟	堪千創古仁波切◎著	450元
JB0113	與阿姜查共處的歲月	保羅．布里特◎著	300元
JB0114	正念的四個練習	喜戒禪師◎著	300元
JB0115	揭開身心的奧秘：阿毗達摩怎麼說？	善戒禪師◎著	420元
JB0116	一行禪師講《阿彌陀經》	一行禪師◎著	260元
JB0117	一生吉祥的三十八個祕訣	四明智廣◎著	350元

橡樹林文化 ❖❖ 圖解佛學系列 ❖❖ 書目

JL0001	圖解西藏生死書	張宏實◎著	420元
JL0002	圖解佛教八識	洪朝吉◎著	260元

橡樹林文化 ❖❖ 衆生系列 ❖❖ 書目

JP0001	大寶法王傳奇	何謹◎著	200 元
JP0002X	當和尚遇到鑽石（增訂版）	麥可・羅區格西◎著	360 元
JP0003X	尋找上師	陳念萱◎著	200 元
JP0004	祈福 DIY	蔡春娉◎著	250 元
JP0006	遇見巴伽活佛	溫普林◎著	280 元
JP0009	當吉他手遇見禪	菲利浦・利夫・須藤◎著	220 元
JP0010	當牛仔褲遇見佛陀	蘇密・隆敦◎著	250 元
JP0011	心念的賽局	約瑟夫・帕蘭特◎著	250 元
JP0012	佛陀的女兒	艾美・史密特◎著	220 元
JP0013	師父笑呵呵	麻生佳花◎著	220 元
JP0014	菜鳥沙彌變高僧	盛宗永興◎著	220 元
JP0015	不要綁架自己	雪倫・薩爾茲堡◎著	240 元
JP0016	佛法帶著走	佛朗茲・梅蓋弗◎著	220 元
JP0018C	西藏心瑜伽	麥可・羅區格西◎著	250 元
JP0019	五智喇嘛彌伴傳奇	亞歷珊卓・大衛—尼爾◎著	280 元
JP0020	禪　兩刃相交	林谷芳◎著	260 元
JP0021	正念瑜伽	法蘭克・裘德・巴奇歐◎著	399 元
JP0022	原諒的禪修	傑克・康菲爾德◎著	250 元
JP0023	佛經語言初探	竺家寧◎著	280 元
JP0024	達賴喇嘛禪思 365	達賴喇嘛◎著	330 元
JP0025	佛教一本通	蓋瑞・賈許◎著	499 元
JP0026	星際大戰・佛部曲	馬修・波特林◎著	250 元
JP0027	全然接受這樣的我	塔拉・布萊克◎著	330 元
JP0028	寫給媽媽的佛法書	莎拉・娜塔莉◎著	300 元
JP0029	史上最大佛教護法—阿育王傳	德千汪莫◎著	230 元
JP0030	我想知道什麼是佛法	圖丹・卻淮◎著	280 元
JP0031	優雅的離去	蘇希拉・布萊克曼◎著	240 元
JP0032	另一種關係	滿亞法師◎著	250 元
JP0033	當禪師變成企業主	馬可・雷瑟◎著	320 元
JP0034	智慧 81	偉恩・戴爾博士◎著	380 元
JP0035	覺悟之眼看起落人生	金菩提禪師◎著	260 元
JP0036	貓咪塔羅算自己	陳念萱◎著	520 元
JP0037	聲音的治療力量	詹姆斯・唐傑婁◎著	280 元

JP0038	手術刀與靈魂	艾倫·翰彌頓◎著	320元
JP0039	作為上師的妻子	黛安娜·J·木克坡◎著	450元
JP0040	狐狸與白兔道晚安之處	庫特·約斯特勒◎著	280元
JP0041	從心靈到細胞的療癒	喬思·慧麗·赫克◎著	260元
JP0042	27% 的獲利奇蹟	蓋瑞·賀許伯格◎著	320元
JP0043	你用對專注力了嗎？	萊斯·斐米博士◎著	280元
JP0044	我心是金佛	大行大禪師◎著	280元
JP0045	當和尚遇到鑽石 2	麥可·羅區格西◎等著	280元
JP0046	雪域求法記	邢肅芝（洛桑珍珠）◎口述	420元
JP0047	你的心是否也住著一隻黑狗？	馬修·約翰史東◎著	260元
JP0048	西藏禪修書	克莉絲蒂·麥娜麗喇嘛◎著	300元
JP0049	西藏心瑜伽 2	克莉絲蒂·麥娜麗喇嘛◎等著	300元
JP0050	創作，是心靈療癒的旅程	茱莉亞·卡麥隆◎著	350元
JP0051	擁抱黑狗	馬修·約翰史東◎著	280元
JP0052	還在找藉口嗎？	偉恩·戴爾博士◎著	320元
JP0053	愛情的吸引力法則	艾莉兒·福特◎著	280元
JP0054	幸福的雪域宅男	原人◎著	350元
JP0055	貓馬麻	阿義◎著	350元
JP0056	看不見的人	中沢新一◎著	300元
JP0057	內觀瑜伽	莎拉·鮑爾斯◎著	380元
JP0058	29 個禮物	卡蜜·沃克◎著	300元
JP0059	花仙療癒占卜卡	張元貞◎著	799元
JP0060	與靈共存	詹姆斯·范普拉◎著	300元
JP0061	我的巧克力人生	吳佩容◎著	300元
JP0062	這樣玩，讓孩子更專注、更靈性	蘇珊·凱瑟·葛凌蘭◎著	350元
JP0063	達賴喇嘛送給父母的幸福教養書	安娜·芭蓓蔻爾·史蒂文·李斯◎著	280元
JP0064	我還沒準備說再見	布蕾克·諾爾&帕蜜拉·D·布萊爾◎著	380元
JP0065	記憶人人 hold 得住	喬許·佛爾◎著	360元
JP0066	菩曼仁波切	林建成◎著	320元
JP0067	下面那裡怎麼了？	莉莎·瑞金◎著	400元
JP0068	極密聖境·仰桑貝瑪貴	邱常梵◎著	450元
JP0069	停心	釋心道◎著	380元
JP0070	聞盡	釋心道◎著	380元
JP0071	如果你對現況感到倦怠……	威廉·懷克羅◎著	300元
JP0072	希望之翼： 倖存的奇蹟，以及雨林與我的故事	茱莉安·柯普科◎著	380元

JP0073	我的人生療癒旅程	鄧嚴◎著	260 元
JP0074	因果，怎麼一回事？	釋見介◎著	240 元
JP0075	皮克斯動畫師之紙上動畫《羅摩衍那》	桑傑・帕特爾◎著	720 元
JP0076	寫，就對了！	茱莉亞・卡麥隆◎著	380 元
JP0077	願力的財富	釋心道◎著	380 元
JP0078	當佛陀走進酒吧	羅卓・林茲勒◎著	350 元
JP0079	人聲，奇蹟的治癒力	伊凡・德・布奧恩◎著	380 元
JP0080	當和尚遇到鑽石 3	麥可・羅區格西◎著	400 元
JP0081	AKASH 阿喀許靜心 100	AKASH 阿喀許◎著	400 元
JP0082	世上是不是有神仙：生命與疾病的真相	樊馨蔓◎著	300 元
JP0083	生命不僅僅如此—辟穀記（上）	樊馨蔓◎著	320 元
JP0084	生命可以如此—辟穀記（下）	樊馨蔓◎著	420 元
JP0085	讓情緒自由	茱迪斯・歐洛芙◎著	420 元
JP0086	別癌無恙	李九如◎著	360 元
JP0087	甚麼樣的業力輪迴，造就現在的你	芭芭拉・馬丁＆狄米崔・莫瑞提斯◎著	420 元
JP0088	我也有聰明數學腦：15 堂課激發被隱藏的競爭力	盧采嫻◎著	280 元
JP0089	與動物朋友心傳心	羅西娜・瑪利亞・阿爾克蒂◎著	320 元
JP0090	法國清新舒壓著色畫 50：繽紛花園	伊莎貝爾・熱志－梅納＆紀絲蘭・史朵哈＆克萊兒・摩荷爾－法帝歐◎著	350 元
JP0091	法國清新舒壓著色畫 50：療癒曼陀羅	伊莎貝爾・熱志－梅納＆紀絲蘭・史朵哈＆克萊兒・摩荷爾－法帝歐◎著	350 元
JP0092	風是我的母親	熊心、茉莉・拉肯◎著	350 元
JP0093	法國清新舒壓著色畫 50：幸福懷舊	伊莎貝爾・熱志－梅納＆紀絲蘭・史朵哈＆克萊兒・摩荷爾－法帝歐◎著	350 元
JP0094	走過倉央嘉措的傳奇：尋訪六世達賴喇嘛的童年和晚年，解開情詩活佛的生死之謎	邱常梵◎著	450 元
JP0095	【當和尚遇到鑽石 4】愛的業力法則：西藏的古老智慧，讓愛情心想事成	麥可・羅區格西◎著	450 元
JP0096	媽媽的公主病：活在母親陰影中的女兒，如何走出自我？	凱莉爾・麥克布萊德博士◎著	380 元
JP0097	法國清新舒壓著色畫 50：璀璨伊斯蘭	伊莎貝爾・熱志－梅納＆紀絲蘭・史朵哈＆克萊兒・摩荷爾－法帝歐◎著	350 元
JP0098	最美好的都在此刻：53 個創意、幽默、找回微笑生活的正念練習	珍・邱禪・貝斯醫生◎著	350 元
JP0099	愛，從呼吸開始吧！回到當下、讓心輕安的禪修之道	釋果峻◎著	300 元

JP0100	能量曼陀羅：彩繪內在寧靜小宇宙	保羅・霍伊斯坦、狄蒂・羅恩◎著	380 元
JP0101	爸媽何必太正經！ 幽默溝通，讓孩子正向、積極、有力量	南琦◎著	300 元
JP0102	舍利子，是甚麼？	洪宏◎著	320 元
JP0103	我隨上師轉山：蓮師聖地溯源朝聖	邱常梵◎著	460 元
JP0104	光之手：人體能量場療癒全書	芭芭拉・安・布藍能◎著	899 元
JP0105	在悲傷中還有光： 失去珍愛的人事物，找回重新聯結的希望	尾角光美◎著	300 元
JP0106	法國清新舒壓著色畫 45：海底嘉年華	小姐們◎著	360 元
JP0108	用「自主學習」來翻轉教育！ 沒有課表、沒有分數的瑟谷學校	丹尼爾・格林伯格◎著	300 元
JP0109	Soppy 愛賴在一起	菲莉帕・賴斯◎著	300 元
JP0110	我嫁到不丹的幸福生活：一段愛與冒險的故事	琳達・黎明◎著	350 元
JP0111	TTouch® 神奇的毛小孩按摩術——狗狗篇	琳達・泰林頓瓊斯博士◎著	320 元
JP0112	戀瑜伽・愛素食：覺醒，從愛與不傷害開始	莎朗・嘉儂◎著	320 元
JP0113	TTouch® 神奇的毛小孩按摩術——貓貓篇	琳達・泰林頓瓊斯博士◎著	320 元
JP0114	給禪修者與久坐者的痠痛舒緩瑜伽	琴恩・厄爾邦◎著	380 元
JP0115	純植物・全食物：超過百道零壓力蔬食食譜， 找回美好食物真滋味，心情、氣色閃亮亮	安潔拉・立頓◎著	680 元
JP0116	一碗粥的修行： 從禪宗的飲食精神，體悟生命智慧的豐盛美好	吉村昇洋◎著	300 元
JP0117	綻放如花——巴哈花精靈性成長的教導	史岱方・波爾◎著	380 元
JP0118	貓星人的華麗狂想	馬喬・莎娜◎著	350 元
JP0119	直面生死的告白—— 一位曹洞宗禪師的出家緣由與說法	南直哉◎著	350 元
JP0120	OPEN MIND！房樹人繪畫心理學	一沙◎著	300 元
JP0121	不安的智慧	艾倫・W・沃茨◎著	280 元
JP0122	寫給媽媽的佛法書： 不煩不憂照顧好自己與孩子	莎拉・娜塔莉◎著	320 元
JP0123	當和尚遇到鑽石 5：修行者的祕密花園	麥可・羅區格西◎著	320 元
JP0124	貓熊好療癒：這些年我們一起追的圓仔 ~~ 頭號「圓粉」私密日記大公開！	周咪咪◎著	340 元
JP0125	用血清素與眼淚消解壓力	有田秀穗◎著	300 元
JP0126	當勵志不再有效	金木水◎著	320 元
JP0127	特殊兒童瑜伽	索妮亞・蘇瑪◎著	380 元
JP0128	108 大拜式	JOYCE（翁憶珍）◎著	380 元

善知識系列　JB0120

覺醒的明光

作　　　者／堪祖蘇南給稱仁波切
特 約 編 輯／林資香、台灣多傑林巴佛學會
協 力 編 輯／劉昱伶
業　　　務／顏宏紋

總　編　輯／張嘉芳
出　　　版／橡樹林文化
城邦文化事業股份有限公司
104 台北市民生東路二段 141 號 5 樓
電話：(02)2500-7696 ext2736　傳眞：(02)2500-1951
發　　　行／英屬蓋曼群島商家庭傳媒股份有限公司城邦分公司
104 台北市中山區民生東路二段 141 號 5 樓
客服服務專線：(02)25007718；25001991
24 小時傳眞專線：(02)25001990；25001991
服務時間：週一至週五上午 09:30 ～ 12:00；下午 13:30 ～ 17:00
劃撥帳號：19863813　戶名：書虫股份有限公司
讀者服務信箱：service@readingclub.com.tw
香港發行所／城邦（香港）出版集團有限公司
香港灣仔駱克道 193 號東超商業中心 1 樓
電話：(852)25086231　傳眞：(852)25789337
Email: hkcite@biznetvigator.com
馬新發行所／城邦（馬新）出版集團【Cité (M) Sdn.Bhd. (458372 U)】
41, Jalan Radin Anum, Bandar Baru Sri Petaling,
57000 Kuala Lumpur, Malaysia.
電話：(603) 90563833　傳眞：(603) 90576622
Email：services@cite.com.my

封面設計／兩棵酸梅
內文排版／歐陽碧智
印　　刷／韋懋實業有限公司

初版一刷／ 2017 年 8 月
初版二刷／ 2023 年 3 月
ISBN ／ 978-986-5613-51-8
定價／ 350 元

城邦讀書花園
www.cite.com.tw

國家圖書館出版品預行編目（CIP）資料

覺醒的明光 / 堪祖蘇南給稱仁波切作 . -- 初版 . -- 臺北市：橡樹林文化，城邦文化出版：家庭傳媒城邦分公司發行，2017.08
面；　公分 . --（善知識系列；JB0120）
ISBN 978-986-5613-51-8（平裝）

1. 藏傳佛教　2. 佛教修持

226.965　　106011459

廣　告　回　函
北區郵政管理局登記證
北台字第 10158 號

郵資已付　免貼郵票

104 台北市中山區民生東路二段 141 號 5 樓

城邦文化事業股份有限公司

橡樹林出版事業部　收

請沿虛線剪下對折裝訂寄回，謝謝！

|橡|樹|林|

書名：覺醒的明光　書號：JB0120

橡樹林文化

讀者回函卡

感謝您對橡樹林出版社之支持，請將您的建議提供給我們參考與改進；請別忘了給我們一些鼓勵，我們會更加努力，出版好書與您結緣。

姓名：＿＿＿＿＿＿＿＿＿＿ □女 □男 生日：西元＿＿＿＿＿年

Email：＿＿＿＿＿＿＿＿＿＿＿＿＿＿＿＿＿＿＿＿

●您從何處知道此書？

□書店 □書訊 □書評 □報紙 □廣播 □網路 □廣告 DM □親友介紹

□橡樹林電子報 □其他＿＿＿＿＿＿＿＿

●您以何種方式購買本書？

□誠品書店 □誠品網路書店 □金石堂書店 □金石堂網路書店

□博客來網路書店 □其他＿＿＿＿＿＿＿＿

●您希望我們未來出版哪一種主題的書？（可複選）

□佛法生活應用 □教理 □實修法門介紹 □大師開示 □大師傳記

□佛教圖解百科 □其他＿＿＿＿＿＿＿＿

●您對本書的建議：

＿＿＿＿＿＿＿＿＿＿＿＿＿＿＿＿＿＿＿＿＿＿＿＿

＿＿＿＿＿＿＿＿＿＿＿＿＿＿＿＿＿＿＿＿＿＿＿＿

＿＿＿＿＿＿＿＿＿＿＿＿＿＿＿＿＿＿＿＿＿＿＿＿

＿＿＿＿＿＿＿＿＿＿＿＿＿＿＿＿＿＿＿＿＿＿＿＿

＿＿＿＿＿＿＿＿＿＿＿＿＿＿＿＿＿＿＿＿＿＿＿＿

非常感謝您提供基本資料，基於行銷及客戶管理或其他合於營業登記項目或章程所定業務需要之目的，家庭傳媒集團（即英屬蓋曼群商家庭傳媒股份有限公司城邦分公司、城邦文化事業股分有限公司、書虫股分有限公司、墨刻出版股分有限公司、城邦原創股分有限公司）於本集團之營運期間及地區內，將不定期以 MAIL 訊息發送方式，利用您的個人資料於提供讀者產品相關之消費與活動訊息，如您有依照個資法第三條或其他需服務之業務，得致電本公司客服。

我已經完全瞭解左述內容，並同意本人資料依上述範圍內使用。

＿＿＿＿＿＿＿＿＿＿＿＿（簽名）

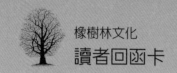

處理佛書的方式

佛書內含佛陀的法教，能令我們免於投生惡道，並且為我們指出解脫之道。因此，我們應當對佛書恭敬，不將它放置於地上、座位或是走道上，也不應跨過。搬運佛書時，要妥善地包好、保護好。放置佛書時，應放在乾淨的高處，與其他一般的物品區分開來。

若是需要處理掉不用的佛書，就必須小心謹慎地將它們燒掉，而不是丟棄在垃圾堆當中。焚燒佛書前，最好先唸一段祈願文或是咒語，例如唵（OM）、啊（AH）、吽（HUNG），然後觀想被焚燒的佛書中的文字融入「啊」字，接著「啊」字融入你自身，之後才開始焚燒。

這些處理方式也同樣適用於佛教藝術品，以及其他宗教教法的文字記錄與藝術品。

ཡི་གེ་ཉི་ཤུ་རྩ་དྲུག་པ་འདི་དཔེ་ཆའི་ནང་དུ་བཞག་ན་དཔེ་ཆ་དེ་ཅི་འདྲར་

བགོམས་ཀྱང་ཉེས་པ་མི་འབྱུང་བར་འཇམ་དཔལ་རྩ་རྒྱུད་ལས་གསུངས་སོ། །

此咒置經書中　可滅誤跨之罪